cahiers libres

Ahmed Othmani
avec Sophie Bessis

Sortir de la prison

*Un combat pour la réforme
des systèmes carcéraux dans le monde*

Avant-propos de Robert Badinter

*Ouvrage publié avec le concours
de la Fondation Charles Léopold Meyer*

ÉDITIONS LA DÉCOUVERTE
9 *bis*, rue Abel-Hovelacque
PARIS XIIIe
2002

Catalogage Électre-Bibliographie

OTHMANI Ahmed.
Sortir de la prison / avec Sophie Bessis. – Paris : La Découverte, 2002. – (Cahiers libres)
ISBN 2-7071-3699-9

Rameau :	prisons : aspect social : XXᵉ siècle
	prisonniers : conditions sociales : XXᵉ siècle
	emprisonnement : Tunisie : 1970-2000 : récits personnels
Dewey :	365 : Établissements pénitentiaires
Public concerné :	Tous publics

Si vous désirez être tenu régulièrement informé de nos parutions, il vous suffit d'envoyer vos nom et adresse aux Éditions La Découverte, 9 *bis*, rue Abel-Hovelacque, 75013 Paris. Vous recevrez gratuitement notre bulletin trimestriel *À La Découverte*. Vous pouvez également nous contacter sur notre site www.editionsladecouverte.fr.

Avant-propos

Par Robert Badinter

L'univers des prisons est un monde assurément connu d'Ahmed Othmani. Non seulement parce que celui-ci a passé près de dix années de sa vie dans les geôles tunisiennes, mais également en raison de l'inlassable combat qu'il mène, depuis sa sortie de prison en 1979, pour faire progresser les droits humains à travers le monde, singulièrement en milieu carcéral.

Le parcours d'Ahmed Othmani est, à bien des égards, admirable.

Né en 1943, dans une tribu semi-nomade de la Tunisie sous protectorat français, Ahmed Othmani se trouve confronté très jeune à la violence et à la solitude. La violence tout d'abord, celle des militaires français qui, dans le contexte de la lutte armée pour l'indépendance des années cinquante, menacent ses parents de détruire leur lieu d'habitation afin de les pousser à dénoncer des *fellaghas*.

Puis la solitude, car Ahmed Othmani se trouve parachuté très jeune à Tunis auprès de son frère aîné pour y poursuivre ses études. Dès l'âge de 14 ans, il vit seul à Tunis et doit alors assumer en complète solitude ce passage dans un monde citadin totalement inconnu, entouré d'enfants de son âge qui ne partagent ni le même mode de vie ni les mêmes aspirations.

Étudiant à l'université de Tunis à partir de 1965, Ahmed Othmani adhère au GEAST, le Groupe d'études et d'action socialiste tunisien, un groupement d'opposition d'extrême gauche plus connu sous le nom de *Perspectives*, le titre de sa revue, et milite contre la dictature du parti unique mise en place par Habib Bourguiba. Il côtoie régulièrement Michel Foucault, qui séjourne alors en Tunisie pour y enseigner. En 1967, le professeur cachera un temps ce jeune leader étudiant, traqué par la police.

1

Arrêté une première fois en 1968, Ahmed Othmani mènera une vie de clandestin jusqu'à sa seconde arrestation en 1973. Condamné à douze ans de prison, incarcéré à l'isolement complet, Ahmed Othmani pense que sa vie d'homme libre vient de prendre définitivement fin. Il doit une fois de plus assumer tout seul ce passage et surtout la torture quotidienne que lui font subir ses geôliers. Singulièrement l'un d'entre eux, qu'il désigne comme un « artiste de la torture », lui réserve les pires traitements. Ahmed Othmani apprend à résister, notamment en contrôlant sa respiration sous les coups qui lui sont portés, de sorte que jamais aucun de ses tortionnaires ne parviendra à lui arracher le moindre mot ni le moindre cri.

Pendant ses années d'incarcération, Ahmed Othmani étudie, autant que faire se peut, et s'astreint à des exercices physiques pour conserver ses capacités. Ces activités l'aident à surmonter la cruelle épreuve. Elle transforme radicalement ce jeune opposant au régime autoritaire d'Habib Bourguiba en un homme mûr et décidé à poursuivre le combat mais en empruntant d'autres voies, celles du militantisme « non-politique ».

Libéré en août 1979, Ahmed Othmani s'engage au sein d'Amnesty International. Il fut le premier prisonnier d'opinion adopté par la section française d'Amnesty créée en 1971 alors qu'il était emprisonné.

Ahmed Othmani s'implique particulièrement dans cette organisation à partir de 1980 ; il contribue – avec son épouse Simone – à créer la section tunisienne, la première du monde arabe, puis occupe à partir de 1984 le premier poste de responsable du développement de l'organisation au Maghreb et au Moyen-Orient.

Au-delà de la défense des prisonniers d'opinion, Ahmed Othmani reste marqué par son expérience carcérale et souhaite agir dans ce domaine essentiel. C'est ainsi qu'en 1989, avec d'autres, il fonde sa propre ONG, Penal Reform International (PRI), dont le mandat est de « concourir à l'adoption de réformes pénales, en tenant compte de la diversité des contextes culturels », et ce, par le biais notamment de campagnes d'information, de soutien à des projets précis et l'apport de conseils aux acteurs locaux. Les programmes régionaux de PRI touchent tous les continents.

Le savoir-faire de PRI tient tout d'abord à la composition de son équipe, un groupe d'experts rompus au travail en milieu carcéral ainsi qu'aux instruments internationaux existant en cette matière.

Ensuite, au pragmatisme qui anime son action, car PRI ne s'engage jamais dans un pays ou dans une région sans s'être assuré de l'existence d'une réelle volonté politique de réforme ni sans avoir l'assurance de trouver des relais locaux fiables, notamment financiers, pour assurer le suivi du travail engagé.

La méthode de PRI porte ses fruits ; le succès des programmes initiés par l'organisation ainsi que leur extrême technicité en attestent.

Ainsi, dans le domaine de l'aide judiciaire, PRI apporte son soutien aux bureaux d'avocats, notamment au Pakistan et au Malawi, afin d'accélérer la constitution des dossiers et des procédures. Dans certains pays des Caraïbes, PRI a mis en place un programme d'aide juridictionnelle pour les condamnés à mort afin qu'ils puissent constituer un dossier en appel ou bien un recours en grâce.

PRI s'est également beaucoup investi dans le vaste chantier des réformes du milieu carcéral, notamment celui de la formation des personnels pénitentiaires, ainsi que dans celui des alternatives à l'emprisonnement. Une première expérience encourageante s'est déroulée au Zimbabwe dans les années quatre-vingt-dix, avec la mise en place du travail d'intérêt général. PRI a apporté son soutien au gouvernement de ce pays afin de procéder aux nécessaires modifications du code pénal, identifier les institutions pouvant accueillir des travailleurs bénévoles et organiser un réseau d'agents préposés à la surveillance des personnes condamnées à ces peines alternatives. Cette expérience a été exportée dans d'autres pays d'Afrique, mais aussi en Amérique latine ainsi qu'en Europe centrale et orientale.

PRI ne s'attache pas uniquement à améliorer le système judiciaire et carcéral. S'agissant de prévention de la délinquance, PRI a apporté son concours à une association locale d'Addis-Abeba pour élaborer un programme en direction des mineurs délinquants.

Il convient enfin de saluer plus particulièrement le programme initié par PRI au Rwanda, où les prisons accueillent des dizaines de milliers de prisonniers soupçonnées d'avoir pris part au génocide de 1994. PRI est la seule organisation internationale, avec le CICR, à y mener une action concrète en milieu carcéral. À partir de 1998, PRI a méthodiquement pris part à la formation de tout le personnel pénitentiaire, des gardiens en passant par les greffiers, les comptables et les directeurs, ce qui inclut la mise sur pied d'un système de formation continue. Puis, les experts de PRI se sont attachés à mettre en place des activités productives au sein des prisons : culture, élevage, artisanat.

Mais surtout, le gouvernement rwandais a fait appel à PRI pour accélérer les jugements et l'aider à élaborer des solutions alternatives à l'emprisonnement. Un séminaire organisé par PRI au Rwanda et rassemblant des spécialistes de nombreux pays a permis de donner naissance, en 2000, à la loi relatives aux procédures judiciaires traditionnelles, la *gaccaca*, et plus précisément au travail d'intérêt général.

L'action de PRI constitue sans aucun doute un complément indispensable à celle d'organes internationaux intergouverne-mentaux tel que le Comité européen pour la prévention de la torture et des peines ou traitements inhumains ou dégradants (CPT), créé par la Convention européenne du même nom adoptée en 1987. Les experts indépendants du CPT visitent chaque année des lieux de détention afin d'évaluer le traitement des détenus dans les 43 États parties à cette convention. Ils sont autorisés à s'entretenir avec les détenus en toute confidentialité et peuvent, le cas échéant, formuler des recommandations dans leur rapport.

De même, il convient de saluer le vote récent, à l'occasion de la 58e session de la Commission des droits de l'homme qui s'est tenue à Genève du 18 mars au 26 avril 2002, d'une résolution tendant à adopter le projet de protocole facultatif à la Convention des Nations Unies contre la torture et autres peines ou traitements cruels, inhumains ou dégradants de 1984. Ce protocole, qui doit encore être adopté par l'Assemblée générale des Nations unies, permettra de mettre en place un mécanisme préventif de visites régulières dans les lieux de détention des pays qui auront ratifié ce protocole.

Ces avancées significatives méritent d'être saluées, tout autant que cet ouvrage, remarquable aboutissement de la réflexion et du combat que mène depuis plus de quarante ans un homme d'honneur et de conviction.

1

Parcours d'une génération

■ AHMED OTHMANI *est né en 1943 en Tunisie, aux confins de la steppe et du désert. Petite nation à la fois profondément arabisée et largement ouverte sur la Méditerranée, la Tunisie, protectorat français de 1881 à 1956, se caractérise par l'existence d'élites urbaines tôt gagnées au modernisme et dont Bourguiba est le plus célèbre représentant. Scolarisé au début de l'indépendance, au moment où toute une génération accède à l'éducation, l'enfant nomade élevé dans le monde de la tradition devient, au fil des années et de la formation, un intellectuel de gauche et un militant.*

S'il peut paraître atypique, son parcours n'en est pas moins représentatif d'une époque, celle des années soixante durant lesquelles la jeunesse du monde fait brutalement irruption dans l'arène politique. Dans les pays de ce qui constituait alors le tiers monde, la génération précédente s'était consacrée à la lutte contre la domination coloniale. Les enfants du Mai 68 mondial vivront, eux, l'ère des désillusions, en désertant le champ politique ou en se laissant séduire par les sirènes identitaires ou religieuses. Entre les deux, les militants des années soixante et soixante-dix, à la fois solidement enracinés dans leur terroir et résolument internationalistes, auront voulu faire la révolution.

En Tunisie, le Groupe d'études et d'action socialiste tunisien (GEAST), créé à Paris au début des années soixante et plus connu sous le nom de Perspectives *– qui fut le titre de sa revue –, incarne l'extrême gauche de l'époque. À partir de 1968, la terrible répression qui s'abat sur le mouvement fait entrer ses dirigeants et nombre de ses militants dans le long tunnel de la prison, qui durera plus de dix ans pour certains d'entre eux, dont Ahmed Othmani. De leur expérience à la fois exaltante et amère,* *ses membres auront gardé le sens de l'engagement et beaucoup d'entre eux se muent, dans les décennies suivantes, en militants des droits humains. Dans les pays du Sud qui n'ont connu depuis les indépendances que des régimes autoritaires, c'est une autre façon, tout aussi essentielle, de faire de la politique.*

Le parcours d'Ahmed Othmani résume les espoirs, les souffrances et les désillusions de ses contemporains. Récit d'un militant, il restitue les ambiguïtés du règne bourguibien, comme celles d'une jeunesse prête à toutes les audaces et à tous les sacrifices pour détruire le vieux monde. Et il permet de comprendre comment l'expérience de la prison peut façonner la vie d'un homme. ■

De la steppe à la ville

Je suis originaire du centre-sud de la Tunisie, de cette steppe vouée à l'élevage alors que la grande agriculture coloniale accaparait les meilleures terres. Dès le début du XXe siècle, les tribus – dont la mienne – avaient été dépossédées et repoussées vers les parties les plus pauvres de la steppe. Dans mon enfance, j'ai été marqué par les années de lutte armée pour l'indépendance, dont les foyers les plus actifs se situaient dans ma région, entre Gafsa et Sidi Bou Zid. Là était la patrie des combattants que l'on appelait *fellaghas*, dont plusieurs membres de ma famille ont fait partie. Souvent, les groupes armés faisaient halte chez nous. Souvent aussi, j'accompagnais des parents plus âgés leur porter de la nourriture dans la montagne. J'ai vu de près les chars et les avions qu'utilisaient les Français dans les années cinquante. Quand j'avais dix ans, des militaires ont failli brûler la tente de mes parents pour les obliger à dénoncer les *fellaghas*.

C'est de ce monde nomade que vient toute ma culture familiale. Ma famille a une origine hilalienne [1] établie historiquement. Mon père, pourtant le plus jeune de ses frères, en était le

---

1. Au milieu du XIe siècle, arrivent en Afrique du Nord les tribus arabes Beni Hilal chassées d'Égypte par le califat fatimide. Ce sont ces invasions hila-

véritable chef. Il a appris à lire et à écrire à l'âge de trente ans, en même temps que ses enfants. Ma tradition familiale était donc celle de l'oralité. Nous apprenions par cœur, par la force de la répétition, les poètes de l'Arabie et du Yémen ou l'épopée hilalienne. Elle était aussi celle des expéditions et des razzias. Nous vivions à cheval. Ce type de société a toujours cultivé une farouche volonté d'indépendance, ne reconnaissant d'autre autorité que celle du clan. Le pouvoir central n'y avait guère d'influence. La collectivité clanique s'autorégulait, l'autorité patriarcale régnait sur la famille élargie. Jusqu'aux années soixante, nous ne savions pas ce qu'étaient la police ou la prison. Quant à la formation académique de nos élites, elle était évidemment zitounienne [2]. Dès mon plus jeune âge, j'ai côtoyé des adultes sortis de la Zitouna qui discutaient constamment de politique.

Quand je songe à ma prime adolescence, je m'en souviens comme d'un étrange itinéraire : quittant à treize ans la liberté des grands espaces, des parcours, des montagnes, des randonnées à cheval ou à dromadaire en suivant le troupeau, de la tente que l'on plantait chaque jour en un lieu différent, je suis passé d'un coup d'une vie tribale devenue peu à peu semi-sédentaire à la solitude de la grande ville. Les enfants de mon âge que j'y rencontrais n'avaient rien de commun avec moi, sinon le fait de partager les mêmes bancs d'école et d'écouter les mêmes enseignants.

À partir de quatorze ans, après quelques mois passés aux côtés de mon frère aîné, j'ai vécu complètement seul à Tunis et j'ai appris à me prendre en charge. J'ai assumé seul la coupure avec le monde tribal d'où je venais. Tout en apprenant les codes de la vie urbaine dans laquelle je m'installais, je me sentais différent et solitaire. J'étais un enfant chétif, pauvre,

---

liennes, et non la conquête elle-même, qui modifient la composition démographique du Maghreb et accentuent sa composante arabe. Les populations d'origine hilalienne sont considérées comme arabes, au contraire des tribus issues du monde berbère.

2. L'université théologique de la Zitouna a formé, jusqu'à sa suppression par Bourguiba au début de l'indépendance, la plus grande part des élites arabophones de Tunisie et d'une partie de l'Algérie.

n'ayant pas eu les mêmes jeux que les enfants de mon âge que je fréquentais désormais. La Goulette, où je m'installai, était pourtant à l'époque une localité très spéciale et plutôt ouverte. Les pêcheurs siciliens habitaient le quartier de la Petite Sicile, avec son église, au voisinage de laquelle j'ai habité en arrivant. Le 15 août, la sortie de la Madone était une fête pour tous les Goulettois. Il y avait aussi les autres Italiens, les Grecs, les Maltais. Quant aux juifs, ils étaient alors majoritaires. Les épiciers, eux, étaient djerbiens.

Mon arrivée à la capitale a également coïncidé avec l'euphorie de l'indépendance, et j'avais le sentiment d'être partie prenante de cette libération. Mais les années 1955 et 1956 ont été marquées par le grand schisme qui a secoué la Tunisie, la rupture entre Habib Bourguiba et Salah Ben Youssef, numéro deux du Néo-Destour[3]. Ben Youssef incarnait à nos yeux l'Orient, Nasser et Bandung, où il avait représenté son parti à la première conférence des non-alignés. Bourguiba, en revanche, profondément influencé par le modernisme français, n'a jamais adhéré à l'idée d'arabité. Et, d'une certaine façon, la dissidence yousséfiste a placé face à face le monde de la ville et le monde semi-nomade du Sud et du Grand Sud, le *makhzen* et le *siba* comme on dirait au Maroc.

Quand je suis arrivé à Tunis en 1956, l'histoire et la France avaient tranché en faveur de Bourguiba. Nous savions tous qu'il représentait le modernisme, c'est-à-dire quelque chose de totalement inédit pour moi qui venais de l'univers tribal. Mon père avait répudié sa première femme et pris, par la suite, deux épouses. Dans mon monde, la polygamie existait, même si elle était rare. Or une des premières décisions de Bourguiba a été de l'abolir. Ce modernisme m'a vite séduit. Plus tard, ce n'est pas lui que j'ai combattu, mais le parti unique.

---

3. Le Parti constitutionnaliste tunisien, Destour en arabe, est fondé en 1920 autour des premiers mots d'ordre nationalistes. Habib Bourguiba y adhère à la fin des années vingt, mais rompt avec lui pour fonder, en 1934, le Néo-Destour qui mènera, sous sa houlette, la Tunisie à l'indépendance.

Mais mon frère, celui qui a décidé de mon avenir en me faisant venir dans la capitale, avait la fibre arabo-musulmane du yousséfiste qu'il était et qu'il partageait avec une partie des vieilles élites urbaines. Il a même failli disparaître aux heures les plus sombres de la lutte anti-yousséfiste, quand les milices de Bourguiba multipliaient les exécutions extrajudiciaires. L'euphorie des années 1955-1956 a donc été aussi une période de grande tension, encore accentuée par la guerre d'Algérie qui commençait à faire rage. C'est pendant l'été 1956 qu'ont été kidnappés les principaux dirigeants du FLN, quand l'avion qui les amenait de Rabat à Tunis a été détourné par l'armée française. 1956, enfin, c'est la nationalisation du canal de Suez et la guerre qui a suivi. Cela aussi fut un grand événement.

C'est dans ma prime adolescence que j'ai commencé à m'imprégner de culture française et occidentale, après avoir appris à maîtriser le français que je parlais à peine à mon arrivée à Tunis. Je lisais tout ce qui me tombait sous la main. Comme je vivais seul, certains enseignants me prenaient sous leur aile, me conseillaient des lectures, me recevaient chez eux. Plusieurs d'entre eux avaient des idées progressistes. Ils m'ont fait connaître Malraux, Hemingway, Sartre, Camus, Simone de Beauvoir. Ils m'ont beaucoup influencé et je me suis rapidement identifié à cette pensée-là.

Plus tard, avec des camarades de plusieurs établissements scolaires de Tunis, filles et garçons confondus, nous avons créé un cercle de réflexion philosophique qui a été mon premier noyau intellectuel. À l'époque, nous n'abordions pas directement les questions politiques, mais nous étions animés par une nette volonté de refuser la mainmise de l'organisation de la jeunesse destourienne, déjà toute-puissante. Presque tous les membres de ce cercle ont d'ailleurs gardé, leur vie durant, une certaine autonomie par rapport au pouvoir et ne se sont pas laissés embrigader par le parti unique.

L'entrée en politique

L'université, où j'entre en 1965, était à l'époque le théâtre de grands débats publics. On y discutait du pouvoir, de la démocratie, des inégalités sociales, de l'impérialisme. En manifestant notre soutien à la lutte des Vietnamiens contre les États-Unis, nous affrontions Bourguiba, qui s'était résolument placé du côté américain. Le Vietnam représentait pour le mouvement étudiant, dont je devins vite l'un des porte-parole, un des principaux symboles de la lutte anti-impérialiste, avec Cuba. Nous suivions de près l'émergence des Panthères noires américaines comme les *sit in* contre la guerre du Vietnam à l'université de Berkeley. Tout ce qui se passait dans le monde nous passionnait, et l'on peut dire que la jeunesse tunisienne de gauche était « mondialisée », pour reprendre une expression bien actuelle. C'est à cette époque que j'adhère au GEAST, qui incarnait le mieux mes aspirations.

Un des événements les plus importants de cette période a été la guerre israélo-arabe de juin 1967, qui a représenté un moment très fort de l'histoire de la gauche tunisienne. Au premier jour de la guerre, elle a en effet été confrontée à un début de pogrom à Tunis dans l'après-midi du 5 juin. Nous, les militants de gauche, qui manifestions pour la Palestine, avons été les seuls à tenter d'empêcher le dérapage antijuif de la manifestation, pendant que la police laissait faire. Ma génération a pourtant été littéralement bercée par la guerre des ondes qui faisait rage depuis 1956 entre Bourguiba et le nassérisme triomphant. Or le nassérisme était, à l'époque, rangé parmi les hauts faits de la lutte anti-impérialiste et nous condamnions, quant à nous, l'alignement de Bourguiba sur les positions américaines. Mais nous n'étions pas, pour autant, séduits par la rhétorique arabiste de Nasser. Notre double adhésion au marxisme et au modernisme bourguibien a beaucoup joué dans cette réserve. Nasser, en revanche, était très proche de l'Union soviétique que nous commencions déjà à critiquer.

Nous nous sentions plus proches des Chinois que des Soviétiques. Nous lisions Althusser. Adhérer aux thèses chinoises équivalait, pour nous, à un retour à la pureté de la pensée marxienne. Nous nous sommes donc naturellement situés dans le courant étudiant international anti-orthodoxe, qui se croyait anticonformiste et luttait contre le détournement de Marx et du premier Lénine par l'URSS. Nous débattions aussi beaucoup du rôle du prolétariat dans les pays du Sud. En fait, les révolutions dont nous nous sentions le plus proches étaient celles qui avaient eu lieu dans le Sud, de la Chine à Cuba. Nous admirions le Marocain Ben Barka et nous lisions la revue algérienne *Révolution africaine*, dirigée jusqu'en 1965 par Mohammed Harbi. Nous suivions ceux qui, comme Che Guevara, portaient des aspirations nouvelles.

Militants internationalistes, nous ne sommes donc pas allées chercher nos maîtres à penser chez les théoriciens du nationalisme arabe. La défaite de Nasser en 1967 nous a convaincus que nous avions eu raison. Quand les populations arabes sont descendues dans la rue pour lui demander de demeurer au pouvoir, nous sommes restés froids. Et dès avant cette date, nos divergences avec nos condisciples influencés par le nationalisme arabe n'avaient cessé de s'approfondir. C'est en 1967 que nous avons publié notre fameuse « brochure jaune » sur la question palestinienne.

La rédaction de cette brochure a représenté un moment important de notre réflexion. Sur la question palestinienne, nous nous sommes en fait retrouvés sur les mêmes positions que celles que Bourguiba affichait en 1965, en affirmant qu'il fallait créer deux États dans l'ex-Palestine mandataire. Nous sommes allés jusqu'au bout de notre internationalisme en reconnaissant l'existence de deux nationalismes en Palestine et en prônant le partage, sans craindre de nous faire traiter de pro-sionistes, ce qui fut le cas. Pourtant, en 1966, *Perspectives* avait été le premier mouvement tunisien à publier les thèses du Fatah de 1965. Mais nous nous sommes toujours démarqués d'un nationalisme qui faisait du combat palestinien un combat arabe, alors que nous le considérions comme une lutte de libération nationale. Avec le recul, je pense que si nous avons osé aller plus loin que les autres, c'est du fait de la jeunesse de notre mouvement. Nous n'avions pas de passé à assumer, pas de comptes à rendre aux conformismes de droite ou de gauche. Notre groupe, qui réunissait des gens venus de milieux différents, avec des histoires et des itinéraires personnels différents, s'est politiquement et idéologiquement consolidé en se positionnant contre les conformismes.

Sur le plan intérieur, nous n'avons pas hésité non plus, à l'époque, à prendre position contre la réforme agraire autoritaire et bureaucratique d'Ahmed Ben Salah, qui se traduisait par une collectivisation forcée, alors que les communistes s'y étaient ralliés. Nous avions d'ailleurs consacré une brochure à la critique de cette expérience.

Une autre brochure avait pour sujet la question de la nature de l'État. Notre adhésion au principe de la dictature du prolétariat a certes aujourd'hui des relents totalitaires, mais nous posions alors de vraies questions, même si c'était dans le langage de l'époque. En fait, nous avons été les auteurs d'un début de théorisation tunisienne des grands problèmes de ce temps-là. Là où nous étions un peu schizophrènes, c'est que nous dénoncions la dictature du parti unique tunisien tout en prônant la dictature du prolétariat comme projet révolutionnaire.

En réalité, il y avait, sur cette question, plusieurs courants au sein du GEAST. Beaucoup d'entre nous ont été très influencés par le maoïsme. D'autres ont été plus pragmatiques et ont axé leur réflexion sur la question de la démocratie. Nous nous opposions aux destouriens sur les questions de la liberté d'expression, de la dictature du parti unique, de la démocratie. Mais nous partagions aussi les thèses du Lénine de *Que faire*.

Si nos discussions politiques étaient vives, nous n'évoquions pas beaucoup, en revanche, les questions de société. C'est que la Tunisie était un pays profondément travaillé par le modernisme de Bourguiba. Il faut se souvenir de ses interventions hebdomadaires à la radio où il parlait aux Tunisiens comme un maître d'école, où il se mettait à leur portée en employant un langage populaire dans lequel il faisait passer les idées de modernité. C'est ce Bourguiba-là qui enjoignait de ne pas jeûner pour mener le grand combat du développement, qui se désaltérait en public en pleine journée de ramadan. C'est lui qui a fait de notre pays le seul pays arabe, jusqu'à présent, à avoir aboli par la loi la polygamie et la répudiation et donné un certain nombre de droits aux femmes.

Notre groupe était socialement, ethniquement et religieusement complètement mixte. Même si beaucoup d'entre nous avaient des origines modestes, la plupart étaient des citadins et des intellectuels. Nous n'avions en fait rien à dire sur les questions de société. Bourguiba nous dépossédait de ce combat, mais de façon positive : nous étions en symbiose avec lui. Nous étions également en plein accord avec sa politique éducative qui a révolutionné la Tunisie. Nous nous sentions donc à l'aise dans un pays où, en matière sociétale, la pensée dominante était progressiste.

Les discussions culturelles, les débats d'idées faisaient en revanche partie de notre quotidien. Avec Jean-Pierre Darmon, historien de l'Antiquité et plus tard membre fondateur de la section française d'Amnesty International, nous discutions d'Athènes et de la démocratie. Jean Gattegno, angliciste et syndicaliste chez qui j'ai été hébergé plusieurs mois, nous apportait son ouverture sur les questions syndicales, la littérature et la musique. Le séjour en Tunisie de Michel Foucault de 1966 à 1968 nous a également marqués. Non seulement il enseignait à l'université de Tunis où il était professeur, mais il faisait une fois par semaine une conférence publique dans un grand amphithéâtre de l'université où il fallait venir très tôt pour trouver une place. Il était proche de nous : en 1967, pendant les manifestations contre la visite à Tunis du vice-président des États-Unis, Hubert Humphrey, c'était chez lui que je m'étais caché car j'étais l'un des leaders étudiants recherchés par la police. Il a, par la suite, été témoin à notre procès, en septembre 1968. Ou, plus exactement, il a déposé une demande de témoignage en ma faveur, que les juges n'ont pas voulu prendre en compte. Nous tirions nos tracts dans sa maison de Sidi Bou Saïd. À la suite de notre procès, il n'a pas renouvelé son contrat et a quitté la Tunisie. C'est dans cette expérience qu'il faut chercher une des racines de l'intérêt de Foucault pour la détention et pour la condition carcérale.

De l'engagement à la répression

Notre génération, communistes et baathistes [4] compris, a marqué à sa façon la Tunisie. Les années 1966-1968 ont vu l'apogée du mouvement étudiant anti-impérialiste mondial, avec une forte tendance à une radicalisation idéologiquement liée à la critique du « révisionnisme » soviétique – des intellectuels aussi éminents que Sartre n'y ont pas échappé. Cette radicalisation a trouvé en Tunisie un large écho dans le mouvement étudiant et, en son sein, le groupe le plus radical de *Perspectives* a fait valoir ses positions. Cela dit, au moment de la répression, nous nous sommes tous retrouvés derrière les barreaux, quelles qu'aient été nos divergences.

Cette génération a à l'évidence été en avance sur sa société en croyant pouvoir assumer la rupture entre l'ancien et le nouveau. À la fin des années soixante, en outre, la société tunisienne s'est trouvée confrontée à d'immenses problèmes nés de la politique de collectivisation forcée. Dans ce contexte, la réflexion et la contestation de notre petit groupe ont trouvé un immense écho. Le pouvoir s'est senti réellement menacé, car nous lui opposions un projet – qui peut paraître totalement fantaisiste ou ridicule aujourd'hui – aux antipodes du sien. La radicalité de notre opposition était vue par beaucoup comme seule capable de stopper ses dérives. Nous représentions quelque chose de totalement différent, qui remettait en cause le régime lui-même.

Je me souviens d'une tournée à Jendouba en 1966 où, le soir, je discutais avec des dizaines de paysans coopérateurs qui parlaient de la façon dont ils auraient pu créer eux-mêmes des coopératives utiles, au lieu d'être forcés à une collectivisation qu'ils ne voulaient pas. Paradoxalement, le pouvoir nous a aidés : en prenant peur et en nous surestimant, il nous a fait connaître davantage. Il a attribué à notre mouvance une influence que, sans aucun doute, elle n'avait pas. Ainsi, la

---

4. Le parti Baath, fondé en 1943 par le Syrien Michel Aflak, chantre du nationaliste arabe, a eu une grande influence sur la jeunesse universitaire tunisienne, dont une partie s'est longtemps réclamée de son idéologie.

position d'une poignée de militants de gauche réunis au sein de *Perspectives* a eu un écho beaucoup plus important qu'on aurait pu le prévoir.

En face, le pouvoir se lançait lui aussi dans une fuite en avant vers le prétendu socialisme qu'il voulait mettre en place, et qui s'est traduite par une accélération de la collectivisation. Le parti unique avait perdu beaucoup de sa légitimité, après que le régime eut réprimé avec une extrême brutalité les auteurs et les complices du coup d'État de 1962[5]. En faisant, à cette occasion, exécuter des hommes qui avaient été des symboles de la lutte pour l'indépendance, mais qui avaient eu le tort d'être yousséfistes ou simplement de lui résister, Bourguiba lui-même avait vu son aura s'émousser. La dérive collectiviste avait, par ailleurs, fait perdre au pouvoir une bonne partie de ses soutiens dans la petite bourgeoisie rurale et commerçante. En 1968, c'est la grande bourgeoisie, avec l'ancien ministre de la Justice et de la Défense Ahmed Mestiri à sa tête, qui rejoint le camp de la contestation.

Dans ce contexte, le mouvement étudiant pouvait représenter un danger. D'autant que notre groupe avait une activité de plus en plus visible. L'un des leaders de *Perspectives*, Mohammed Ben Jennet, avait été arrêté et condamné aux travaux forcés à la suite des journées de juin 1967. De formation zitounienne et parfaitement arabophone, bon tribun et capable de haranguer les foules étudiantes, il avait été perçu par le pouvoir comme un symbole à abattre. Mais ce symbole était devenu mobilisateur, amplifiant l'audience de *Perspectives* au sein du mouvement étudiant.

En 1966, plusieurs leaders de la gauche étudiante avaient aussi été envoyés arbitrairement sous les drapeaux. À partir de 1967, le mouvement étudiant – mobilisé autour des mots

---

5. Le 12 août 1961, Salah Youssef, qui ne cessait, de son exil du Caire, d'appeler les Tunisiens à la révolte contre Bourguiba, est assassiné à Francfort par des envoyés du chef de l'État tunisien. Mais le carnage de la bataille de Bizerte (juillet 1961), puis l'élimination de celui qui fut longtemps le numéro deux du Néo-Destour, ont accentué l'hostilité d'une partie de l'armée vis-à-vis du pouvoir bourguibien. Un complot militaire est éventé en décembre 1962, et la plupart de ses instigateurs sont exécutés en janvier 1963.

d'ordre de démocratie, de liberté d'expression, de liberté syndicale, de lutte contre l'étouffement de toutes les organisations par le parti unique – n'a cessé de monter en puissance, jusqu'aux journées de mars 1968. Tout l'enseignement supérieur était alors paralysé par la grève et le mouvement commençait à toucher les lycées et les écoles. L'agitation était perceptible dans la rue. *Perspectives* menait des campagnes d'affichage dans les quartiers populaires. Nous maîtrisions des techniques très simples de reprographie qui nous permettaient de diffuser nos tracts et de noyer des quartiers entiers sous notre littérature ; le matin, on retrouvait les autobus couverts de nos affiches. Le fait que nous diffusions nos tracts en arabe dialectal nous rendait encore plus dangereux aux yeux du pouvoir. L'effervescence était à son comble : les militants de gauche occupaient l'université naissante et les différents instituts d'enseignement supérieur. C'est alors que le pouvoir a décidé de frapper.

J'ai d'abord été arrêté 18 mars, en compagnie d'un camarade, par des membres de la milice du parti, mobilisée pour abattre le mouvement étudiant. Les ouvriers ont également été mobilisés, car l'UGTT [6], sous la direction de Habib Achour, était alors totalement inféodée au parti unique. En 1972, Achour dépeignait Simone Lellouche – ma femme – comme l'équivalent tunisien de Daniel Cohn-Bendit. Le soir du 18, nous avons été conduits au siège du comité de coordination de Tunis du Néo-Destour, dans le quartier de la Kasbah. Après nous avoir copieusement tabassés, nos agresseurs nous ont jetés, évanouis, dans la rue en pleine nuit. La milice était, à l'époque, coutumière de ce genre de procédé.

Mais notre véritable arrestation a eu lieu le lendemain, pendant une réunion dans le bureau du doyen. Je faisais en effet partie des dirigeants étudiants qui négociaient avec les autorités universitaires la libération de Ben Jennet et de nos autres camarades arrêtés après lui, et des garanties sur le libre

---

6. Union générale tunisienne du travail, syndicat unique, qui a vu alterner, depuis l'indépendance, des périodes d'autonomie et d'inféodation au Néo-Destour.

exercice du droit syndical étudiant. Le « Mai 68 tunisien » se terminait ainsi deux mois avant de débuter en France.

A commencé alors une nouvelle période marquée par les interrogatoires, les confrontations, la torture, les arrestations de plus en plus nombreuses. La répression est devenue massive, avec des dizaines d'arrestations. Pour ce qui me concerne, la période la plus dure a duré deux mois et demi. J'ai d'abord transité par les locaux de la Direction de la sûreté du territoire, puis j'ai été transféré au pavillon E de la prison du 9 avril, avec les prisonniers politiques et les condamnés à mort. On me sortait de ma cellule pour m'emmener à la DST ou dans des fermes des environs de Tunis, qui avaient appartenu à des colons et servaient de centres de torture. C'est là qu'on nous torturait dans des caves remplies d'eau. Ce traitement a duré jusqu'à notre procès, en septembre 1968.

L'expérience de la torture

L'arrestation est la première confrontation avec la violence. Mon arrestation la plus dure n'a d'ailleurs pas été celle de 1968, mais celle de 1973. Clandestin, je me cachais alors dans une planque qui fut donnée par un de nos camarades arrêtés. En pleine nuit, pendant que je dormais, une soixantaine de policiers armés, conduits par le directeur de la DST, investirent l'immeuble. Amené au ministère de l'Intérieur, je fus accueilli par une haie de policiers qui, l'un après l'autre, me crachaient dessus, me frappaient, m'arrachaient la moustache. Ils se défoulaient parce qu'ils m'avaient cherché longtemps. Ils avaient apporté du vin et dansaient autour de moi pendant que j'étais torturé. Je fus mis entre les mains d'un artiste de la torture, resté célèbre parmi les anciens prisonniers, qui utilisait des pinces pour arracher la peau et nous réservait les traitements les plus sophistiqués. En 1973, j'ai été plus longuement torturé qu'en 1968, mais c'était par périodes. Comme j'étais très affaibli à la suite de nombreuses grèves de la faim, on me laissait des moments de répit jusqu'à ce que je récupère. On m'abandonnait dans ma cellule, pieds et mains enchaînés. Puis on me reprenait. On me brûlait entre autres la peau à l'éther, et on laissait ensuite les plaies s'infecter.

C'est à cette époque que j'ai acquis une certaine capacité à résister à la douleur, en apprenant à perdre toute espèce de sensation physique. Je ne ressentais plus rien en voyant mon propre sang couler. Ces états, il fallait les préparer. Pendant les moments de paroxysme de la violence et de la douleur, il fallait apprendre à se dire que ça n'avait plus d'importance. Cela faisait aussi partie d'une sorte de défi que je lançais à mes tortionnaires comme à moi-même. Je ne leur adressais jamais la parole, je ne criais pas, cela les rendait fous. Au point que l'un d'eux me donna un jour cinq cents coups sur la plante des pieds pour essayer de m'extraire un son. Ils auraient pré-féré que j'exprime n'importe quel sentiment, y compris la haine, plutôt que rien. Or je me fermais complètement à eux, et à la douleur.

Quand ils se sont rendu compte que je résistais en contrô-lant ma respiration, ils ont trouvé la parade en me mettant une bouteille qui se vidait au goutte à goutte sur mon nez, m'empêchant tout contrôle. C'était comme une lutte entre deux forces. Moi le chétif, à bout, je résistais à une machine qui ne parvenait pas à me broyer. Le plus étrange parfois, c'est que mes tortionnaires bavardaient entre eux quand ils me croyaient inconscient. Ils parlaient de leurs enfants, de leur famille, de leur avancement. Ils téléphonaient à leur petite amie. Bref, ils se comportaient comme des humains ordinaires qui commettaient pourtant le pire sans aucune hésitation, sans aucun état d'âme.

Pour tenir, il faut résister doublement. Résister physique-ment à la torture bien sûr, mais aussi à l'avilissement et à la négation de l'humain qu'il y a dans l'acte de torturer. Le sens de la dignité humaine, à la fois physique et morale, m'a donné la force de résister et de mettre la souffrance entre parenthèses aux moments les plus durs. Je n'ai jamais puisé ma force dans le recours à la religion. Beaucoup de gens soumis aux mêmes traitements s'y sont réfugiés dans les moments les plus diffi-ciles, en plongeant parfois dans des formes de religiosité pri-maires, dans une sorte de foi du charbonnier qui les libérait de leurs doutes et de leurs angoisses. En ce qui me concerne, le respect de moi-même et de ma dignité m'a sauvé, m'a permis de ne jamais parler devant mes tortionnaires. D'une certaine façon, l'expérience de la torture a transformé ma conviction abstraite en l'importance de la dignité humaine en expérience concrète, vitale, de cette dignité. Cela dit, je n'ai jamais condamné ceux qui ont craqué ou qui ont écrit des lettres de demande de pardon pour pouvoir sortir de prison. Parfois, la souffrance ou la pression familiale sont trop grandes. Et tout le monde peut être faillible.

J'ai aussi gardé de cette expérience la conscience de la complexité humaine. Des flics me surveillaient 24 heures sur 24. Un jour, l'un d'eux m'a embrassé en pleurant avant de quitter son service, après avoir vu un de ses collègues uriner sur moi de rage de ne pouvoir me faire parler. Il y avait ceux qui se comportaient comme des SS et d'autres, déchirés, qui étaient dégoûtés par les traitements qu'on m'infligeait. Quelques policiers se sont débrouillés pour ne jamais me toucher, alors qu'ils avaient les mêmes fonctions et recevaient les mêmes ordres que mes tortionnaires.

J'ai d'ailleurs gardé des contacts, plus tard, avec certains d'entre eux. Dès qu'ils le pouvaient, ils me manifestaient leur sympathie. C'étaient surtout les policiers ordinaires, ceux qui étaient de faction dans les locaux de la DST, qui étaient le plus troublés. Comme je suis resté là-bas plusieurs mois, nous finissions par nous reconnaître. Pendant mon internement en 1971-1972, il m'est même arrivé de discuter avec certains d'entre eux. J'essayais de leur expliquer que j'étais dans mon droit en revendiquant la liberté d'opinion, que je n'avais jamais appelé à la violence, que je n'avais jamais possédé d'armes, que je n'avais pas à être en prison. Ils me répondaient qu'ils ne connaissaient pas la loi, qu'ils ne connaissaient que Bourguiba.

C'est à cette époque qu'a commencé à s'imposer à moi la conviction de la nécessité du pluralisme face à l'arbitraire d'État. Car, comme mes camarades, j'ai longtemps été schizophrène en réclamant pour moi toutes les libertés et en militant pour l'avènement de la dictature du prolétariat…

L'expérience de la prison

La première épreuve, en prison, a été celle de la solitude. Au début de mon second séjour au bagne de Borj Erroumi, j'ai été mis à l'isolement complet. J'étais entièrement coupé du monde extérieur. Un jour, un des prisonniers de droit commun bien vu de l'administration, qui était en faction sur le toit du petit bâtiment dans lequel j'étais isolé, m'adressa brièvement la parole. Il s'est aussitôt retrouvé enchaîné dans une cave, la tête rasée, car personne n'avait le droit de me parler. Malgré cela, il y a toujours eu des moments où j'ai pu communiquer avec le monde extérieur, d'autant que je connaissais déjà cette prison où nous avions séjourné en 1969-1970.

L'autre épreuve, c'est la promiscuité. Cela paraît étrange d'en souffrir, moi qui avais connu la plus totale des solitudes, mais c'est ainsi. La prison, c'est l'expérience des extrêmes. À partir de 1974, je suis retourné en cellule collective. La promiscuité était intolérable. Nous étions entassés les uns sur les autres. À un moment, nous avons été une trentaine dans une petite chambrée. La plupart des détenus fumaient alors que la pièce n'avait que deux lucarnes. L'air arrivait à en devenir bleu. Or, depuis mon passage à la DST en 1971, je n'ai jamais cessé d'avoir des problèmes respiratoires et des allergies. Depuis mon séjour dans cette chambrée, je n'ai jamais plus supporté la fumée du tabac.

Il faut ajouter à cela l'absence totale d'intimité, l'impossibilité d'être propre. Et puis, on se bagarrait tout le temps pour des riens, sans compter des divergences politiques entre nous, de plus en plus aiguës et en vase clos. Cohabitaient ensemble des baathistes, des communistes, des *Perspectives* de la première et de la seconde génération. C'était à ne plus pouvoir se supporter soi-même. Deux choses m'ont aidé à résister : je travaillais beaucoup la nuit, pendant que les autres dormaient. À cette époque, j'étais inscrit par correspondance à l'université de Paris-VIII pour préparer un DEUG d'économie. Et je faisais tous les jours quatre heures de sport.

Le gouvernement ne nous a jamais reconnu le statut de prisonnier politique, ce qui nous a amenés à faire d'interminables grèves de la faim à répétition. Dès que nous commencions une grève, l'administration nous isolait dans des cellules où, même en plein hiver, nous étions pendant des jours pieds nus, où nous couchions à même le ciment, sans la moindre couverture. On nous alimentait de force quand nous nous affaiblissions. Petit à petit, cependant, nous avons arraché des droits. À partir de 1976, nous avons eu une télévision, et plus tard, en 1978, nous avons eu l'autorisation de préparer nous-mêmes nos repas.

Durant tout notre séjour en prison, nous avons côtoyé les droits communs. J'ai même partagé quelques jours, en 1971, la cellule d'un condamné à mort et je l'ai vu quitter la pièce pour partir à l'exécution. C'était un paysan originaire du Nord-Ouest. Accusé d'avoir tué sa femme et ses deux enfants, il se disait innocent et me faisait écrire, pour se disculper, à l'épouse du chef de l'État. Je ne sais pas s'il l'était vraiment, mais je suis sûr qu'il n'aurait jamais pu tuer de sang-froid. J'ai pu observer la somme de ses contradictions, son immense misère morale et matérielle. Ce fut pour moi un moment de réflexion intense, car j'ai passé des nuits à discuter avec lui, à sonder son être profond.

Nous fréquentions aussi de près les droits communs qui s'occupaient de l'intendance, qui nous apportaient nos couffins. Ils nous rendaient de petits services que nous leur payions par des cigarettes et des vêtements. Nous connaissions la misère de leurs chambrées, où ils pouvaient être jusqu'à cent cinquante par pièce ; chez eux, il y avait toujours un patron de chambrée avec sa mafia.

Les gardiens nous racontaient aussi la vie de la prison, dont nous finissions par avoir une connaissance intime. Nous savions comment se passaient les trafics, les tortures, les tabassages, les vexations. Deux choses principales se négocient en prison : le sexe et les cigarettes. Le pire, c'est le pouvoir du prisonnier chef de chambrée, qui est aussi au service de l'administration. Contrairement au gardien, il ne quitte jamais ses victimes et décide qui sera brimé, qui dormira près des chiottes, ou qui sera violé tel soir. Aucun jeune en prison ne peut l'éviter. Quand le chef le décide, tout est organisé comme au bordel : on tend une couverture dans un coin de la pièce et un caissier reçoit l'argent ou les cigarettes des clients.

Cette vie *underground* de la prison est parfaitement connue des gardiens et de l'administration. Tout le monde participe aux trafics. Et c'est pareil partout. Dans tous les pays où je me rends aujourd'hui, je retrouve dans les prisons les choses que j'ai vues ou connues. Tout ce savoir a créé chez moi une grande sensibilité aux conditions de la vie carcérale en général, et pas seulement celle des prisonniers politiques. De cette longue expérience, j'ai gardé le sens aigu du prix de la liberté et de la justice.

J'en ai aussi tiré la conclusion que la loi doit toujours être défendue. Ceux qui sont victimes de l'arbitraire doivent pouvoir s'y référer, mais ceux qui sont chargés de l'appliquer doivent également la connaître et la respecter. Ils doivent savoir que la loi n'est pas faite seulement pour réprimer et pour punir, mais aussi pour que les droits de ceux qui ont fauté soient respectés. Certes, il faut de l'ordre dans une prison, mais les prisonniers ont droit à la protection.

Si la prison est officiellement un lieu où l'on attend que ceux qui ont attenté à l'ordre social s'amendent, encore faut-il créer les conditions pour qu'ils puissent le faire. Or l'enfermement est porteur d'une contradiction majeure.

D'un côté, il crée la dépendance : on mange, on dort, on pisse, on se lave à heures fixes, on mène une vie dénuée de tout sens de la responsabilité. Cette déresponsabilisation, cette infantilisation, est contraire à toute idée de réhabilitation, de resocialisation : en prison, on ne décide de rien, sauf de ce qui est interdit ; la seule liberté, la seule survie résident dans la transgression. Cette réflexion globale est venue chez moi plus tard. Elle a aussi puisé dans mes lectures. J'ai lu, en prison, tous les récits sur le Goulag publiés dans les années précédentes, tout comme celui des frères de Soledad américains[7].

---

7. Le procès, resté célèbre, des trois « frères de Soledad » condamnés à de très lourdes peines aux États-Unis s'inscrit dans le combat contemporain des Noirs américains, commencé dans les années soixante. Georges Jackson a été condamné à la prison à vie en 1961 pour avoir volé l'équivalent de 70 dollars et assassiné en prison en 1971, un an après l'un de ses frères. L'ouvrage qu'il a

Durant les dernières années de prison, j'ai ainsi accumulé à la fois des observations, des lectures et des moments très forts de réflexion sur le sens de la responsabilité et sur l'arbitraire du pouvoir absolu.

Et puis, d'un autre côté, la prison, c'est l'usure du temps. Le temps, ce sont d'abord les mouvements du soleil et les heures auxquelles il atteint la lucarne. C'est grâce à la lumière qui entrait dans la cellule que nous pouvions le mesurer. Ensuite, c'est la durée, vis-à-vis de laquelle un prisonnier a toujours des sentiments contradictoires, cela dépend des moments. À chacune de mes condamnations c'est-à-dire par deux fois, en 1968 et en 1973, j'ai commencé par écrire une lettre à Simone pour lui demander de m'oublier et de vivre sa vie, lettres que d'ailleurs la censure a bloquées et qu'elles n'a lues qu'après ma sortie de prison. Quelque trente-quatre ans plus tard, nous sommes d'ailleurs toujours ensemble... J'étais alors convaincu que ma vie d'homme libre était finie. Mais l'espoir demeure toujours. Ces alternances d'espoir et de résignation font partie de la vie en prison.

On peut aussi se projeter sur les autres. C'est ainsi que, pendant mes années de détention, j'ai eu une correspondance soutenue avec mes jeunes neveux et nièces. Le temps, en prison, est également ponctué par les petites choses de la vie comme la douche, l'arrivée du couffin ou du mandat, la visite du médecin. C'est quand on en sort qu'on s'aperçoit combien le temps y est figé.

Intellectuellement, on sait que pendant la détention les choses changent à l'extérieur. Mais, en fait, les rapports avec la société, avec les gens, avec les proches sont gelés. Eux changent, pendant que nous ne changeons pas. Le prisonnier s'attend ataviquement, inconsciemment, à ce que les proches restent les mêmes, qu'ils se comportent et réagissent de la même façon qu'avant. Or c'est impossible. C'est alors que peut venir la catastrophe. Des drames personnels ont éclaté chez certains de nos amis à leur sortie de prison qui ont abouti

---

écrit, *Les Frères de Soledad*, a été publié en français chez Gallimard avec une préface de Jean Genet.

à des divorces et ont même pu, dans certains cas, aller jusqu'au suicide.

Un autre apprentissage de la politique

La prison, paradoxalement, c'est aussi la découverte des autres, par le biais de la solidarité qu'ils expriment. Il y a eu deux époques de la solidarité à notre égard. Au départ, elle ne s'est pas manifestée pour des individus. Nous étions un groupe d'étudiants et d'universitaires résistant à un pouvoir autoritaire fondé sur un parti unique. Nous revendiquions la liberté, la démocratie, le droit à la parole, la pratique d'un syndicalisme libre. Nous n'avons pas été arrêtés en tant qu'individus, mais comme membres d'un large mouvement, aux dimensions internationales. Quand nous étions torturés en avril 1968, nous savions qu'Alain Geismar, alors secrétaire général du Sne-Sup français, était venu jusqu'à Tunis nous soutenir. Nous savions que des gens comme l'agronome René Dumont, des géographes de renommée internationale qui avaient été les professeurs de certains d'entre nous, se mobilisaient en notre faveur. La solidarité internationale à notre égard s'est vite organisée, surtout à partir de la France où des comités se sont rapidement constitués pour nous défendre.

Cette solidarité du début se situait beaucoup plus sur le plan politique que sur celui des droits humains. Au procès de septembre 1968, j'ai entendu parler pour la première fois d'Amnesty International qui y avait envoyé un observateur. Puis, quand la section française d'Amnesty a été créée en 1971, elle m'a adopté comme premier prisonnier d'opinion. Le soutien d'Amnesty nous a ouvert des horizons. Nous recevions ses rapports.

On arrivait à me faire parvenir clandestinement des dizaines de lettres que ses militants m'envoyaient, et je passais des heures à y répondre une par une. C'est d'ailleurs ainsi que j'ai écrit mon témoignage sur la torture. Au départ, j'ai répondu à une lettre d'une Suédoise membre d'un groupe d'Amnesty. Nous avons commencé à correspondre de façon régulière et, un jour, j'ai écrit mon témoignage, sur papier pelure, d'une seule traite. Je l'ai envoyé à Simone pour qu'elle le lui remette et, avec l'aide de plusieurs amis, elle a réussi à le faire publier [8].

C'est ainsi que j'ai découvert en prison une autre façon de militer, qui n'était pas directement politique. En Tunisie, ce type de militantisme est né en 1977, avec la création de la Ligue des droits de l'homme. En prison, nous avons été tenus au courant des préparatifs de sa création et nous avons été six à envoyer clandestinement une lettre de soutien à cette initiative, lue à la réunion constitutive de la Ligue. Ce militantisme « non politique » a été long à s'imposer. Même Amnesty International ne s'est occupé pendant longtemps que des prisonniers politiques. L'engagement contre la peine de mort et contre la torture en général, donc englobant un plus grand nombre de personnes, n'est venu que plus tard.

---

8. Ahmed Ben Othman, « Répression en Tunisie », *Les Temps modernes*, avril 1979.

2

De la défense de la révolution
à celle des libertés

■ LE GROUPE DES ANCIENS *de* Perspectives *sort de prison le 3 août 1979, après pratiquement une décennie de détention durant laquelle la Tunisie a connu d'importantes évolutions. Elle a changé de cap économique avec l'échec de l'expérience socialisante d'Ahmed Ben Salah et l'ouverture économique pratiquée par le gouvernement de Hedi Nouira. Elle a connu un enrichissement incontestable qui a permis l'émergence d'une vraie classe moyenne. Une population ouvrière plus éduquée et plus féminisée a fait son apparition avec le spectaculaire développement de l'industrie manufacturière.*

Parallèlement à ces transformations, le paysage politique s'est recomposé. L'extrême gauche révolutionnaire a été marginalisée, comme partout ailleurs dans le monde, tandis qu'apparaissaient deux nouveaux acteurs : une société civile militant pour une démocratisation de la vie politique et un mouvement islamiste qui monte en puissance. À la fin des années soixante-dix, se rencontrent ainsi au sein d'une nouvelle institution, la Ligue tunisienne des droits de l'homme – créée en mai 1977 –, plusieurs générations.

Générations biologiques bien sûr, mais aussi générations de militants, gens venus d'horizons politiques différents. On y trouve des transfuges du parti unique qui se sont séparés du régime sur la question des libertés fondamentales, d'anciens communistes, d'anciens gauchistes. Tout ce monde se rencontre sur quelques idées-forces : démocratie, droits humains, liberté d'expression, pluralisme politique. De fait, le passage des intellectuels de la première génération de Perspectives *de l'activisme révolutionnaire à la défense de l'idéal démocratique et des droits humains qui lui sont attachés s'inscrit dans un mouvement qui dépasse le cadre tunisien. Mais si le reflux des idéologies révolutionnaires est un phénomène mondial, il s'accompagne, dans le monde arabe, de la montée en puissance des mouvements se réclamant de l'islam politique.*

C'est dans ce cadre, bien différent de celui de la fin des années soixante, qu'Ahmed Othmani renaît à la vie d'homme libre et de militant. Désormais sans illusions mais toujours prêt à défendre des principes pour lesquels il a donné plus de dix ans de sa vie, c'est hors de Tunisie et, bientôt, dans le monde entier qu'il va essayer de les rendre concrets. Après avoir consacré les années quatre-vingt à Amnesty International, il crée en 1989 avec quelques autres l'association Penal Reform International (PRI). Au-delà d'un itinéraire personnel qui le préparait à ce nouvel engagement, la fondation de cette organisation illustre aussi l'évolution du regard politique et social porté sur l'univers carcéral. Non seulement les prisonniers politiques ne sont plus les seuls à être pris en considération, mais l'analyse glisse progressivement – à partir des années quatre-vingt – du sort du prisonnier au monde de la prison. L'universalité des droits de la personne implique que nulle catégorie d'humains n'en soit privée, pas même ceux que leurs actes excluent de la société. On prend alors un peu partout conscience que la prison n'est pas un monde hors de la société et que ses locataires ont aussi des droits. La fondation de PRI découle en grande partie de cette conviction. Cette nouvelle association se situe donc clairement dans le champ de la défense des droits humains. Mais, contrairement à ses aînées, elle fonctionne comme une « ONG de développement », avec des projets et des programmes précis ayant tous pour but de faire entrer le droit dans la jungle des prisons. Vaste programme, qui transcende tous les clivages, à commencer par la fracture Nord-Sud. Car, contrairement à ce que pense une bonne partie de l'opinion publique des pays du Nord, la barbarie dans ce domaine est loin d'être l'apanage du Sud, même s'il est vrai que l'on y trouve davantage de régimes despotiques. La création de PRI, en ouvrant une nouvelle époque de la défense des droits humains, lance également de nouveaux défis. ▪

Éloge du pluralisme

Il faut remonter aux années de prison pour comprendre pourquoi et comment nombre de militants de *Perspectives* ont changé de cap politique. Pendant les années soixante-dix, parallèlement aux mutations que connaît notre pays, le GEAST a entamé un processus de radicalisation qui l'a conduit vers une dérive populiste et un appauvrissement de la pensée. Dans les années soixante, il avait plutôt été un mouvement d'intellectuels produisant de la théorie en tentant d'analyser leur société, mais qui n'avait jamais réellement pénétré les classes populaires. Dans les années soixante-dix en revanche, il est devenu plus revendicatif et plus populaire.

À l'université même, le nouveau contexte était producteur de violence, avec l'apparition d'un groupe d'étudiants préfigurant le mouvement islamiste et dont certains membres, d'ailleurs, sont devenus plus tard des leaders du Mouvement de la tendance islamique (MTI). Ces évolutions ont abouti à des divergences de plus en plus profondes entre les militants. Pour finir, ce qui est resté du mouvement est tombé entre les mains de la tendance populiste, objectivement aidée par la répression puisque son noyau intellectuel était en prison. Et c'est en prison que nous avons pris position vis-à-vis de cette dérive qui a abouti à l'éclatement de *Perspectives* et à la naissance du mouvement gaucho-populiste *Amel Tounsi* [1].

C'est que nos convictions démocratiques et pluralistes s'étaient affirmées au long de nos trois dernières années de prison. Apparu en 1974-1975, le fossé s'était élargi au point que la rupture était consommée quand nous sommes sortis en 1979. Il faut dire qu'en prison les clivages étaient devenus caricaturaux. Je me souviens que, sur les petites radios dont nous disposons, certains du groupe des jeunes – qui sont

---

1. *Amel Tounsi*, titre du journal de *Perspectives*, signifie en arabe *Le Travailleur tunisien*. Né en 1971 en prenant le nom du journal, le mouvement *Amel Tounsi* rompt avec les membres historiques de *Perspectives* en 1973 et ne cesse de se radicaliser jusqu'à sa disparition à la fin des années soixante-dix. Plusieurs de ses membres ont créé une nouvelle formation d'extrême gauche, le Parti ouvrier des communistes de Tunisie (POCT).

devenus plus tard des dirigeants du POCT – arrivaient, la nuit, à capter Radio Tirana dont ils écoutaient religieusement les âneries. Nous, nous rigolions, ce qui ne manquait pas d'aviver les tensions. Ils étaient communistes tendance albanaise à cent pour cent, alors que nous – le groupe des anciens – en avions fini depuis longtemps avec tout cela. C'est à cette époque que j'ai décidé de ne plus jamais m'investir dans la politique *stricto sensu*, mais de me battre pour la défense des droits humains. Après la rupture idéologique et politique avec *Amel Tounsi*, la première génération de *Perspectives* était donc intellectuellement prête à rejoindre le mouvement des droits de l'homme dès le milieu des années soixante-dix.

Notre évolution illustre la capacité qu'ont eue les différentes composantes de l'opposition tunisienne à se retrouver, non plus sur des programmes politiques, mais sur la défense plus large des droits humains. La Ligue tunisienne des droits de l'homme s'est constituée en 1977 dans une optique de front uni des tendances politiques autour du dénominateur commun des droits de la personne, et non dans une logique partisane. Ont participé à sa création des gens venus d'horizons divers, des notables libéraux de la vieille bourgeoisie urbaine aux intellectuels issus de la gauche. Ce qui est également intéressant, c'est que – de l'intérieur de la prison – les anciens de *Perspectives* ont immédiatement adhéré à la démarche, tandis que les membres de *Amel Tounsi* ne s'y sont pas associés.

Nous avons été six « vieux » *Perspectives* à soutenir la création de la LTDH. Les mêmes se sont retrouvés, en 1981, pour dénoncer les procès d'opinion intentés aux islamistes lors de la première vague de répression qui s'est abattue sur eux, tout en réaffirmant leur désaccord total avec cette idéologie. La création de la Ligue marque en tout cas une date dans la vie politique du pays, dans la mesure où l'apprentissage du compromis fait partie intégrante de la démocratie.

Notre évolution s'est, comme ailleurs, accompagnée d'un profond désenchantement. Nous avons perdu, en cheminant, nos illusions de jeunesse. Ce faisant, nous étions en symbiose avec ce qui se passait en Europe. Nous suivions tout ce qui s'écrivait sur les dérives du maoïsme et sur l'évolution des gauches révolutionnaires. Face à une Maria Antonieta Mac-chiochi qui défendait encore la révolution culturelle chinoise, d'autres écrits dénonçaient ses méfaits et disaient d'autres réalités. Les régimes poststaliniens étaient démonétisés. Nous écoutions de plus en plus les voix de la dissidence des pays de l'Est.

Par ailleurs, le fait que nous n'ayons jamais été sensibles aux discours nationalistes ni aux démarches identitaires a facilité notre adhésion à ces valeurs universelles qui sous-tendent le combat pour les droits humains, c'est-à-dire la reconnaissance fondamentale de la liberté de l'être humain et de sa valeur. Tout cela, en définitive, rejoignait notre vieil internationalisme, le sentiment de faire partie d'un mouvement planétaire, d'une humanité plus large que notre horizon local. Cela implique un mode de gestion des rapports humains fondé sur la reconnaissance des droits de tous, tout en tenant compte des particularismes, à condition qu'ils ne tombent pas dans l'exclusion de l'autre.

À la rencontre du monde

C'est ainsi que, dès mon départ de Tunisie en 1980, j'ai rejoint Amnesty International en devenant membre d'un groupe de base afin d'accomplir des tâches précises : écrire les lettres pour les actions d'urgence et prendre en charge des prisonniers d'opinion. En avril 1981, avec Simone, nous avons contribué à créer la section tunisienne d'Amnesty, qui a été la première section de cette organisation dans le monde arabe. Sa réunion constitutive a eu lieu dans notre appartement tunisois, avec la police postée en bas de l'immeuble pour relever les noms des participants. Ceux-ci étaient, pour la plupart, d'anciens prisonniers politiques et leurs amis. À ma sortie de prison en août 1979, je suis resté en Tunisie jusqu'en mai 1980. Les premiers mois, j'ai été placé en résidence surveillée chez moi, près de Gafsa. Je me souviens du choc que cela avait été de retrouver les grands espaces de la steppe après l'enfermement et le bagne. Puis, de retour à Tunis, j'ai eu un travail et je me suis rapidement réintégré. Ma femme rentrait régulièrement de Paris, et nous avions acquis un appartement.

J'ai quitté Tunis à la fois pour des raisons personnelles et par l'effet d'entraînement qu'avait eu la mobilisation internationale en ma faveur. Mon épouse, de nationalité française bien que Tunisienne depuis des générations, avait un travail à Paris, ce qui a facilité ma décision. Par ailleurs, alors que j'étais interdit de sortie du pays depuis 1965, j'ai obtenu très vite mon passeport en 1980. Certains de mes camarades n'ont pu obtenir le leur que longtemps après. La pression internationale a beaucoup joué an faveur de cela. Pierre Mendès France lui-même, dont les liens avec Bourguiba étaient restés étroits, était à l'époque intervenu pour que l'on me donne un passeport. C'est que la publication de mon témoignage dans *Les Temps modernes* en avril 1979 et sa traduction en plusieurs langues m'avaient fait connaître un peu partout. De larges extraits avaient été repris en manchette par des journaux tunisiens de l'opposition comme *Erraï* et *Démocratie*. Pour toutes ces raisons, la mobilisation internationale en faveur de notre groupe s'est focalisée sur moi. En 1980, je sortais de Tunisie pour la première fois de ma vie et j'ai voulu voir ailleurs. C'est un saut que j'avais refusé de faire du temps de la clandestinité en 1972-1973, alors que j'aurais pu quitter le pays avec de faux papiers. Cela dit, en venant vivre à l'étranger, je ne me suis jamais coupé de mon pays.

J'ai aussi voulu être directement partie prenante du vaste mouvement des droits humains qui a émergé à l'échelle mondiale à la fin des années soixante-dix et au début des années quatre-vingt, dans la foulée de l'explosion du mouvement associatif. Cette émergence spectaculaire est le résultat direct d'une désaffection générale vis-à-vis de la politique. Jusqu'au début des années quatre-vingt par exemple, la Fédération internationale des droits de l'homme (FIDH) existait, mais elle était sous l'aile protectrice de la Ligue française des droits de l'homme. C'est à cette époque qu'elle a commencé à prendre de l'ampleur jusqu'à devenir une organisation plus importante que sa maison mère.

Au fond, ce mouvement de défense des droits universels peut être considéré comme le dernier rempart contre le désengagement. L'un de ses plus grands défis aujourd'hui, c'est le combat – dont il est un des acteurs – entre l'universel et le particulier. Mais ce débat-là ne sera jamais tranché, car la défense des libertés individuelles menace forcément la sauvegarde des particularismes sociétaux. Le mouvement des droits humains ne sortira jamais de ce dilemme et continuera à se mouvoir dans un équilibre instable entre le particularisme et l'identité d'une part, l'universalisme et l'internationalisme de l'autre. C'est ce pluralisme sous tension qui fait aussi la foisonnante richesse du mouvement associatif, c'est cette obligation qu'il a d'agir dans le contexte de la diversité et des différences.

Voilà toutes les raisons, toutes les complexités qui m'ont amené à rejoindre ce mouvement. Je voulais contribuer personnellement à la défense des prisonniers d'opinion, à la défense des droits de la personne partout dans le monde, et je l'ai fait. De 1980 à 1984, j'ai donc résidé à Paris en militant à Amnesty et en reprenant mes études d'économie. Je me suis également beaucoup occupé de notre enfant, né en 1981, car Simone travaillait. Dès cette époque, j'ai commencé à voyager partout où mes missions me donnaient l'occasion d'aller. C'est dans ces années-là que j'ai connu les militants du mouvement anti-apartheid en Afrique du Sud, et les défenseurs des accords d'Helsinki dans les pays de l'Est qui, dans les années quatre-vingt, n'étaient pas encore libérés de leurs dictatures.

En 1984, je me suis installé à Londres pour occuper à Amnesty International le premier poste de responsable du développement du mouvement au Maghreb et au Moyen-Orient, y compris Israël. J'y suis resté six ans. Cela a été très difficile, car les militants arabes des droits humains refusaient de rencontrer des Israéliens, non parce qu'ils contestaient l'existence de militants des droits humains en Israël, mais parce que de telles rencontres pouvaient leur porter préjudice chez eux, dans une opinion farouchement antisioniste et à la limite antijuive. Quand j'arrivais dans un pays arabe, je disais toujours que je travaillais aussi avec des Israéliens et que ma femme était juive pour que, dès le départ, les choses soient claires. C'est à cette époque seulement que j'ai eu un contact direct et physique avec le monde arabe, que je ne connaissais jusque-là qu'intellectuellement, dont j'avais lu les poètes et les penseurs. C'est alors que j'ai rencontré, en chair et en os, ses intellectuels, ses écrivains, ses journalistes, ses hommes politiques. C'est à cette époque que plusieurs d'entre eux, comme l'actuel ministre marocain de la Justice Omar Azziman, ont adhéré à Amnesty International.

Ma mission, qui consistait à créer des sections d'AI et à développer la conscience des droits humains dans le monde arabe, où elle est encore embryonnaire, fut difficile, car cette problématique y est complètement parasitée par la question palestinienne et la cristallisation de toutes les composantes politiques et intellectuelles du monde arabe sur ce sujet, avec une méfiance terrible vis-à-vis de l'Occident. Le monde arabe s'est replié sur lui-même ces dernières décennies et se méfie de tout ce qui vient d'Occident, même s'il compose avec lui.

Quand j'ai commencé à travailler dans la région, j'ai constaté une méfiance profonde à l'encontre d'Amnesty International, organisation occidentale qui dialoguait avec Israël, commettant là le plus grand des péchés. Car tout, dans cette région, se mesure à l'aune de la question palestinienne. C'est dans un tel contexte qu'il fallait convaincre de l'universalité des droits humains et de la nécessité de les défendre aussi ailleurs que chez soi, puisque c'est là le principe fondamental d'Amnesty. De plus, on était encore dans le contexte de la guerre froide, et de nombreuses violations des droits humains étaient le fait d'États – socialistes en particulier – qui soutenaient le monde arabe dans sa lutte contre Israël. Comment, dès lors, les critiquer ?

J'étais donc porteur de l'idée d'universalité des droits de l'homme dans une région travaillée par l'identité et résumant son ressentiment dans l'abcès de fixation israélo-palestinien. Et moi, je voulais mobiliser des défenseurs des droits humains bien au-delà de leur propre pays ou de leur région. C'est pour toutes ces raisons qu'Amnesty, jusqu'à aujourd'hui, ne s'est pas vraiment implanté dans le monde arabe. Le travail de la FIDH est moins difficile, car les ligues qui y adhèrent ont d'abord pour mission de s'occuper des droits humains dans leurs pays. Amnesty, à l'inverse, exige qu'on s'ouvre sur le monde, qu'on sorte de chez soi.

En Jordanie surtout, où 60 % de la population est palestinienne, j'ai dû ferrailler contre les militants qui ne voulaient travailler que sur les violations des droits des Palestiniens par Israël. J'y ai d'ailleurs été accusé d'être un agent du Mossad et j'ai dû, à l'époque, porter plainte pour diffamation. Transposé dans le champ des droits humains, je me suis en fait retrouvé, dans cette région, au cœur de l'éternel débat entre nationalisme et internationalisme.

Défendre les droits de tous : la création de PRI

Au-delà de la défense des prisonniers d'opinion, le monde carcéral que j'ai connu personnellement, à travers la longue période de ma vie passée en détention, m'intéressait particulièrement. Dès l'époque de la prison, j'avais commencé à lire toute une littérature sur cet univers. Mes sentiments et mes émotions personnelles avaient aiguisé ma curiosité intellectuelle. Je connaissais les différences de traitement, pour le meilleur ou pour le pire, qui existaient entre droits communs et politiques. Les premiers étaient parfois mieux traités, mais n'inspiraient pas le respect ou la crainte qui entouraient les seconds. Mais j'ai suffisamment fréquenté les droits communs pour voir comment on s'y prenait pour les humilier.

Je me souviens, à une époque de ma détention, que je n'étais pas loin d'une cellule occupée par des prisonniers homosexuels. On les avait placés ensemble dans une des chambrées du « couloir de la mort ». C'étaient de jeunes garçons qui vivaient de leur corps, se maquillaient, se donnaient des noms féminins. Et j'ai vu la répression, l'avilissement dont ils étaient l'objet du seul fait de leur orientation sexuelle. Pourtant, à Amnesty, il a fallu se battre longtemps pour arriver à défendre les victimes de discriminations pour orientation sexuelle. Beaucoup de sections, dans le tiers monde en particulier, étaient réticentes.

D'une façon générale, on peut constater partout le peu de cas que font les hommes politiques, au pouvoir comme dans l'opposition, des violations des droits des prisonniers de droit commun. Pas plus tard qu'en 1999, invité par la section tunisienne d'Amnesty à parler des activités de PRI, j'ai entendu un opposant tunisien en vue, ancien président de la LTDH, déclarer que c'était un luxe, pour le moment, de s'occuper des prisonniers de droit commun. Jusqu'à présent, l'idée que la défense des droits communs fait partie intégrante de la lutte pour les droits humains ne s'est pas complètement imposée.

Dans le cadre de mes activités à Amnesty, j'avais donc commencé à travailler sur la situation carcérale. Au Soudan par exemple, pendant la brève parenthèse démocratique qu'a connue ce pays de 1984 à 1989, plusieurs avocats membres d'Amnesty avaient décidé à titre individuel de faire de l'assistance légale aux prisonniers de droit commun. Peu à peu, j'ai ressenti le besoin de travailler sur les conditions de détention de façon générale et pas seulement sur les prisonniers d'opinion, et j'ai commencé à en parler autour de moi. J'en ai discuté, entre autres, avec Vivien Stern, qui était à l'époque secrétaire générale d'une importante ONG britannique s'occupant des détenus en prison et à leur sortie et qui a, par la suite, fait partie – avec moi et d'autres – des fondateurs de Penal Reform International (PRI). Cette organisation est donc d'abord née du constat que les organisations de défense des droits humains se préoccupaient peu de l'humanisation de la vie carcérale. La rencontre de personnes, d'idées et d'expériences a fait le reste.

Il existait déjà pas mal d'associations nationales en Europe, comme la NACRO[2] ou Prison Reform Trust en Angleterre, l'Association des visiteurs de prisons, la Fédération de soutien aux détenus ou le GENEPI (Groupement étudiant national d'enseignement aux personnes incarcérées) en France. Aux États-Unis, la Civil Liberties Organisation avait déjà une

---

2. National Association for the Care and Resettlement of Offenders, importante ONG britannique se consacrant à la prévention de la délinquance et à la réinsertion des ex-prisonniers dans la société.

branche consacrée à la réforme pénale. Les Nations unies avaient à Vienne une agence pour la prévention du crime et l'administration de la justice, qui est devenue par la suite le Centre de prévention internationale du crime. Mais il n'existait aucune organisation non gouvernementale à l'échelle internationale spécifiquement vouée à la prise en charge de ces questions. Cette prise de conscience d'un certain nombre de gens qui, à un moment de leur vie, ont eu l'expérience du fonctionnement de la justice pénale les a amenés à se retrouver.

Le noyau des fondateurs de PRI a été composé en partie de membres d'Amnesty International, dont moi-même. Le dénominateur commun de tous ces gens a été un lien, militant ou personnel, avec Amnesty. Vivien Stern, elle-même épouse du secrétaire général de l'époque, a été un élément moteur de cette rencontre. Plusieurs associations, dont la sienne ou encore l'Association pour la prévention de la torture (Genève), ont accepté d'être membres fondateurs de PRI.

En novembre 1989, au moment même où tombait le mur de Berlin dont nous avons appris la chute en pleins travaux, la réunion fondatrice de PRI a eu lieu à Londres, dans les locaux de la NACRO. Étaient là, outre Vivien Stern et moi, des membres de plusieurs ONG d'Europe, d'Amérique latine, d'Inde et d'Afrique, ainsi que l'ancienne présidente d'Amnesty International, Franca Sciuto. Sans que nous l'ayons programmé, la symbolique de la date a été très forte : nous étions en train de créer PRI au moment où un des grands totalitarismes du XXᵉ siècle perdait la partie, au moment où s'effaçait enfin le clivage Est-Ouest.

Ce fut un drôle de moment. Toute symbolique et spectaculaire fût-elle, la chute du Mur venait après bien des événements qui avaient totalement délégitimé le système soviétique. Notre génération avait déjà découvert l'imposture sur lequel il était fondé. C'est plutôt la surprise qui a prévalu en novembre 1989. Ce système que nous avions cru inébranlable s'effondrait devant nous comme un château de cartes. Et nous avions de la peine aussi, car nous assistions, dans le même temps, au triomphe de quelque chose qui n'était pas convaincant non plus.

Cet événement n'annonçait pas la naissance d'un monde véritablement libéral et démocratique, mais d'une période pleine de contradictions, d'injustices, de laideur. Ce qui était toutefois plus important sur le moment, c'est que nous pouvions désormais défendre les droits humains sans plus nous heurter aux blocages idéologiques que nous avions connus. La défense de ces droits devenait enfin universelle. Encore que, dès cette époque, on pouvait percevoir que l'Occident ne tarderait pas à se trouver un nouvel ennemi : en 1991, dans une étude sur l'évaluation des techniques d'Amnesty International, j'abordais déjà la question du « nouveau Satan » que pourraient constituer pour les Occidentaux le Sud en général et l'islam en particulier. Le clivage Nord-Sud prenait progressivement la place du conflit Est-Ouest.

Nord et Sud, un faux clivage

En matière de droits humains, pourtant, on ne peut pas vraiment parler de clivage Nord-Sud. Car si les manifestations de leur violation peuvent différer d'une région à l'autre, le noyau dur de leur défense est partout le même : c'est le respect de la dignité humaine et de l'humanité de l'homme. Je fais partie des gens qui croient en l'universalisme, qui pensent que l'humanité peut se libérer des préjugés, de l'obscurantisme et des inégalités car la nature de l'être humain est égale partout. Il y a partout un conflit entre les forces obscurantistes et celles qui aspirent au progrès. Les États-Unis en sont un excellent exemple : on y trouve le pire en matière de violence, mais pas seulement. Il n'est donc pas juste de simplifier le monde en fonction d'une frontière, souvent fictive, entre Nord et Sud. Il y a des Suds dans le Nord et des Nords dans le Sud. Cette interpénétration se retrouve au niveau de l'économie, des élites, des idées, des avancées de la pensée, au-delà des profondes asymétries qui existent entre ces deux parties du monde.

Prenons l'exemple du monde arabo-musulman, supposé particulièrement rétif à l'abolition de la peine de mort. La première réunion d'Amnesty International qui y a eu lieu sur cette question s'est tenue à Tunis en 1988. L'année précédente, un séminaire s'était tenu sur le même thème au Pakistan. J'ai participé aux deux. Les choses sont difficiles, mais elles avancent. Une association pour l'abolition de la peine de mort a été créée en Tunisie en 2001[3]. Au Liban, un mouvement dans ce sens se développe également. En avril 2000, le Premier ministre de l'époque Selim Hoss avait refusé de signer l'ordre d'exécution d'un condamné à mort, affirmant qu'une telle peine allait contre ses convictions. La Jordanie a été le théâtre de débats sur cette question. Quand, en 2001, les tribunaux palestiniens ont condamné à mort cinq personnes accusées de collaboration avec Israël, le directeur de l'administration pénitentiaire a refusé d'assister aux exécutions en déclarant qu'il était contre la peine capitale. N'oublions pas que la résistance la plus farouche à l'abolition vient des États-Unis. Dans la plupart des pays occidentaux, une majorité de l'opinion publique est favorable à la peine de mort, et les États ont dû la bousculer pour promulguer l'abolition. Dans les pays musulmans, les partisans de la peine de mort s'appuient sur la religion, comme ils le font pour ne rien changer au statut des femmes. Mais il n'y a pas si longtemps que l'argument religieux est devenu obsolète en Occident.

Aujourd'hui, plus de la moitié des États de la planète, dont beaucoup sont situés dans les continents du Sud, ont aboli la peine de mort. Cela incite plutôt à l'optimisme. Mais, nulle part, le progrès n'est linéaire, comme on a pu le croire. Il peut y avoir des reculs dans certains pays, puis de nouvelles avancées. Les Philippines et plusieurs États des États-Unis ont par exemple restauré la peine capitale après l'avoir abolie, et il n'est pas exclu qu'une régression analogue se produise en Afrique du Sud. Voilà toutes les raisons pour lesquelles la division du monde selon un clivage Nord-Sud n'est pas

---

3. Elle n'a jamais été légalisée par les autorités.

forcément pertinente, comme n'est pas pertinent l'argument religieux.

Beaucoup de choses dépendent, en outre, du degré de liberté dont jouissent les associations et des moyens matériels et financiers dont elles disposent. Pour l'instant, nombre d'entre elles dépendent de leurs consœurs du Nord pour leur fonctionnement et même, parfois, pour leur survie. Or leur légitimité dans la population est directement proportionnelle à leur degré d'autonomie. Elles doivent pouvoir construire cette légitimité en élargissant, dans leur société, la capacité endogène de réflexion et d'action sur tous les aspects de la défense des droits humains. Malheureusement, la dépendance économique des mouvements de défense des droits humains a d'importantes conséquences sur leurs objectifs, leur fonctionnement et leur leadership. Ceux qui y ont le pouvoir sont de plus en plus ceux qui ont des appuis à l'étranger et qui sont susceptibles de récolter de l'argent. Parfois, l'assistance financière d'ONG étrangères, même animées de la meilleure volonté, peut casser des dynamiques internes qui mettront longtemps à se reconstruire.

Il faut aussi reconnaître que cette dépendance est renforcée par la répression que subissent ces associations dans les pays non démocratiques. La répression bloque la progression des dynamiques internes en interdisant les débats, en empêchant les organisations d'élargir leur base. Il est impossible, dans ces conditions, de populariser les thématiques centrées autour des droits de la personne. Au lieu de travailler à l'essentiel, on s'épuise à aller chercher de l'argent à l'étranger pour payer le loyer du local, publier un dépliant, se déplacer ou voyager à l'étranger. Et les voyages eux-mêmes deviennent une rente que les dirigeants de ces organisations se partagent. Voilà comment l'absence de moyens propres peut dévoyer les associations aux buts les plus nobles.

Mais les pouvoirs ou les partenaires étrangers ne sont pas les seuls responsables des blocages. Ces derniers illustrent aussi la difficulté éprouvée par les associations de défense des droits humains à s'enraciner dans le terreau local. Enfin, dans de nombreux pays, les partis politiques tentent de les instrumentaliser à leur profit pour bénéficier d'un lieu de prise de parole dont ils ne disposent pas dans le champ strictement politique. Quant aux pouvoirs, ils essayent de se disculper ou de casser les mouvements indépendants en créant leurs propres ONG, les fameuses « organisations vraiment gouvernementales » qui pullulent depuis quelques années.

Parfois, mais c'est très rare, les associations de défense des droits humains du Sud parviennent à récolter localement de l'argent. La Ligue tunisienne des droits de l'homme a, par exemple, réussi plus d'une fois à lever des fonds locaux pour financer certaines de ses activités ou pour assurer sa défense. Des artistes tunisiens se sont souvent mobilisés pour confectionner ses affiches. Elle a organisé de grandes fêtes à son profit. Mais cela n'a été vraiment possible que pendant les phases de libéralisation du régime. Dans les années quatre-vingt, la répression ne s'exerçait pas contre les mouvements de défense des droits humains, mais contre les islamistes, et le pouvoir a laissé exister ce type d'initiatives, à défaut de les encourager. Pendant toute une période, cette relative tolérance a permis à des entreprises ou à des individus de donner de l'argent aux associations sans être perçus pour autant comme des opposants et sans être inquiétés. Tout cela semble un rêve par rapport au cauchemar que vivent aujourd'hui les militants tunisiens des droits humains.

La prise en compte de tous ces problèmes s'est reflétée dans l'organisation de PRI. Elle ne fonctionne pas sur le système des sections nationales ou locales dépendant d'un siège central. Quand ses moyens le lui permettent, elle crée des bureaux régionaux et tâche de coller au plus près aux besoins et aux réalités. En général, ces bureaux trouvent eux-mêmes leur financement et, sauf exception, nous ne créons jamais de bureau *ex nihilo* maintenu en vie par des financements venus d'ailleurs. Les bailleurs de fonds sont le plus souvent des organismes déjà impliqués dans la région ou intéressés par elle, et qui font appel à nous plus que nous ne les sollicitons. Ses fondateurs ont voulu que PRI soit une organisation pragmatique et flexible, pour avoir un maximum d'efficacité. Nous n'allons pas dans un pays pour effectuer une mission ou une consultation et partir ensuite, mais nous travaillons dans la durée pour contribuer à créer les conditions du changement, et toujours en partenariat avec des associations locales et avec l'administration, ce qui multiplie nos chances de succès. Car le changement doit s'effectuer dans le domaine législatif et juridique bien sûr, mais également dans celui des mentalités et de la culture.

Nous voulions en fait, en créant l'association, contribuer à accélérer l'application des normes internationales en matière de gestion des prisons et d'administration de la justice. Car la prison n'est qu'une partie d'un tout, ce tout étant la justice et la façon de la rendre. L'objectif principal des tribunaux ne doit pas être de mettre les gens en prison mais de s'assurer que justice est faite. La majorité des condamnés ne devrait pas être incarcérée : ne devraient être mis en prison que ceux qui représentent un réel danger pour la société ou pour eux-mêmes. C'est pourquoi, dès sa création, PRI a réfléchi à la création d'alternatives à la prison, comme la médiation ou le travail d'intérêt général. Cette idée d'alternatives s'est renforcée dans les années quatre-vingt-dix. Dès 1990, le huitième congrès des Nations unies pour la prévention du crime et le traitement des prisonniers, qui se tenait à La Havane, adoptait un texte intitulé *Les règles minima des Nations unies pour les sanctions non privatives de liberté*. PRI, qui avait à peine un an, était représentée à ce congrès et a contribué à sa rédaction.

Depuis sa création, PRI a donc choisi de dire non à des sections locales et oui aux actions là où c'est possible, y compris en passant par une présence régionale. Ainsi notre bureau de Moscou, créé en 1998, couvre non seulement la Russie mais l'ensemble des républiques de l'ancienne Union soviétique. Celui du Costa Rica couvre les Caraïbes et l'Amérique latine. Nous avons créé en septembre 2001 un bureau à Katmandou au Népal pour l'Asie du Sud. Cette organisation a été conçue parce que les fondateurs de PRI ont eu conscience qu'il ne fallait pas essayer de reproduire le système Amnesty qui s'est révélé, à l'usage, très lourd à gérer malgré son extraordinaire capacité de mobilisation. L'autre différence de PRI est que nous avons privilégié le professionnalisme : nos compétences s'appuient certes sur le volontariat, mais aussi sur des experts et des professionnels.

Humaniser les prisons ?

En créant PRI, nous n'arrivions tout de même pas dans un désert. Les années soixante-dix avaient vu naître en France des mouvements comme le Groupe multiprofessionnel sur les prisons (GMP). Les écrits de Foucault sur le monde carcéral avaient fait naître un mouvement de réflexion à l'échelle européenne et en Amérique du Nord. Aux États-Unis, la répression du mouvement des Panthères noires et des opposants à la guerre du Vietnam avait également engendré toute une réflexion sur le sens de la détention et sur les missions de la prison. On essayait de trancher le dilemme entre surveiller et punir d'un côté ou détenir et réhabiliter de l'autre. Des expériences de travail dans et sur le monde carcéral avaient donc lieu çà et là, mais c'était encore la plupart du temps à travers le prisme de la situation des prisonniers d'opinion, comme les déserteurs du Vietnam ou les frères de Soledad. C'est un fait : la réflexion sur l'emprisonnement et la détention s'est développée grâce à l'existence de prisonniers d'opinion, et cela dès l'époque du fascisme et du nazisme en Europe.

C'est pourquoi les premiers mouvements d'humanisation des lieux de détention ont vu le jour à partir de 1945. En Europe occidentale, une partie des dirigeants issus de la résistance aux totalitarismes avait vécu l'expérience de la prison et ressentait la nécessité de trouver des alternatives au binôme enfermer-punir. C'est à partir de cette époque qu'a commencé à germer l'idée que la prison ne devait pas être un lieu de punition mais de réinsertion et de resocialisation. Puis, dans les années soixante et soixante-dix, une partie de la sociologie est arrivée à la conclusion que la prison est incapable de réhabiliter et qu'elle est un mal nécessaire. Et si ce mal est nécessaire, on ne peut faire comme s'il n'existait pas, il faut s'en occuper puisqu'il fait partie de la société.

La prison, selon cette école, enferme des gens qui sont parfois des criminels, mais qui sont à la fois bourreaux et victimes. Ceux qui ont commis des crimes sont certes des bourreaux. Mais la plupart sont aussi des victimes qui ont été amenées à commettre des actes condamnés par la société du fait de leur éducation, de leur condition sociale, de leur marginalisation. C'est pourquoi la société doit prendre ses responsabilités à leur égard. La question de la réhabilitation des prisonniers se pose avec encore plus d'acuité dans les pays qui ont aboli la peine de mort, c'est-à-dire dans la quasi-totalité de l'Europe. Car la plupart d'entre eux – y compris des criminels – sont appelés à quitter la prison à l'issue d'une peine plus ou moins longue qui correspond au paiement de leur dette à la société. Cette dernière ne peut donc s'en laver les mains. D'une bonne réinsertion des prisonniers dépend, en outre, l'amélioration de la sécurité de la société elle-même.

Au début des années quatre-vingt-dix, sont apparues d'autres théories beaucoup plus radicales, qui prônent l'abolition de la prison. Ces théories avancent que non seulement cette dernière ne résout rien, mais qu'elle contribue à la criminalisation de la société puisqu'elle est une école du crime. En Angleterre, un Livre blanc paru en 1990 affirmait que les prisons n'étaient que de coûteuses universités où des individus déjà mauvais apprenaient à devenir pires. Ce qui est en partie faux, car beaucoup de locataires des prisons sont des personnes dont la culpabilité n'a jamais pu être prouvée ou ne l'a pas encore été. C'est le cas des personnes en détention provisoire, qui représentent 50 % à 70 % de la population carcérale planétaire. Et la plupart d'entre eux sont en général de petits délinquants. Le scandale que constitue leur détention a alimenté les critiques de la prison et les analyses selon lesquelles elle est au mieux un mal nécessaire, au pire une institution inutile ou nuisible.

De nombreux spécialistes réfléchissent donc aujourd'hui sur ces questions. Ils en débattent au sein d'organismes internationaux, dans les conférences des Nations unies consacrées à la prévention du crime et qui ont fait avancer la réglementation internationale en matière de traitement des prisonniers.

Les droits des détenus ont en effet été internationalement con-sacrés dès la promulgation de la Déclaration universelle des droits de l'homme, et confirmés en 1955 au premier congrès des Nations unies pour la prévention du crime et le traitement des prisonniers.

Voilà dans quel cadre est né PRI. En répondant à un vrai besoin, cette organisation a non seulement suscité l'intérêt d'individus et d'associations, mais aussi d'un nombre crois-sant d'États. Cela, certes, ne s'est pas fait en un jour. Mais, assez vite, l'association a reçu des demandes d'États qui avaient besoin d'assistance en matière carcérale et qui ont contribué à élargir son audience. La cohérence et l'homogé-néité du groupe fondateur ont également été un élément cen-tral de sa réussite. Ce groupe est composé de gens d'âge plutôt mûr qui ont l'expérience, soit de la prison et de la défense des droits humains, comme moi, soit du travail en milieu carcéral et dans l'administration de la justice. Pour certains, ce travail s'est effectué dans d'énormes organisations, comme la NACRO en Angleterre, qui emploie des milliers de personnes et est largement financée par l'État. D'autres sont des péna-listes, spécialistes de l'administration pénitentiaire. D'autres encore sont juristes ou sociologues.

Ensuite, nous n'avons pas voulu brûler les étapes. C'est seulement à partir de 1996 que PRI a commencé son véri-table développement, qui l'a amené à recruter de plus en plus de salariés et à ouvrir une série de bureaux régionaux. Dès le départ, cependant, l'association a voulu se donner une enver-gure internationale. C'est pourquoi sa première grande réu-nion a eu lieu en 1991 à Tunis, en collaboration avec la Ligue tunisienne des droits de l'homme et l'Institut arabe des droits de l'homme, basé à Tunis. De très nombreux pays arabes et africains étaient présents à ce premier rassemblement[4]. La deuxième grande conférence a eu lieu en 1992 à Moscou. Puis nous avons organisé un séminaire en 1996 à Kampala, en

---

4. *Cf.* « La réforme pénale et la réforme pénitentiaire », Actes du séminaire arabo-africain tenu à Tunis du 29 novembre au 2 décembre 1991, Publications de l'Institut arabe des droits de l'homme.

> *C'est en tout cas d'une bonne justice que pourra procéder une utilisation raisonnable de la peine de prison, que sera codifiée la place de la prison dans les systèmes pénaux, et que cette sanction cessera d'y occuper une position hégémonique, sinon unique.* ∎

Rendre la justice

La question de l'équité de la justice a toujours fait débat dans l'organisation de la cité. La première règle d'une bonne justice réside dans le principe de la séparation des pouvoirs. Le pouvoir judiciaire doit impérativement être indépendant de l'exécutif et du législatif, ce dernier édictant les lois mais n'étant pas chargé de leur application. Une bonne justice exige aussi que tous soient égaux devant elle. Ces deux éléments sont au cœur même du concept d'État de droit. Pour que l'indépendance et l'équité soient garanties, il convient que le processus judiciaire n'obéisse pas à d'autres logiques que la justice elle-même : quand un élément extérieur au système judiciaire intervient, qui est le plus souvent d'ordre politique ou économique, l'indépendance et l'équité sont malmenées.

Or, dans bien des pays, du Sud surtout, ni l'une ni l'autre ne sont garanties. Même dans les pays démocratiques, elles ne sont pas toujours assurées, le rôle du Parquet en France le montre bien. On y voit aussi combien l'exécutif peut être tenté de commettre des entorses à la justice dans les affaires de corruption qui concernent des institutions ou des personnes proches du pouvoir. Dans les pays totalitaires, la domination du politique sur le judiciaire est totale. Et il faut bien constater que, nulle part dans ce qu'on appelle le tiers monde, la justice n'est vraiment indépendante, même s'il existe de grandes différences entre les pays. Dans des États de vieille tradition démocratique, comme l'Inde, le système judiciaire est relativement indépendant. En Égypte, il a pu conserver un minimum d'indépendance aux moments les plus difficiles, quand la tentation totalitaire du pouvoir se faisait le plus sentir. Il est même arrivé que la Cour de sûreté de l'État déboute la police de ses accusations. Dans d'autres pays, en revanche, tout ce qui touche les intérêts économiques des puissants échappe à la justice.

La loi bafouée, les juges aux ordres sont malheureusement des banalités dans une bonne partie du monde d'aujourd'hui. Certains, parfois, se révoltent, comme l'a fait le juge tunisien Mokhtar Yahiaoui en 2001 [1]. Partout dans le monde, l'impartialité de la justice a du mal à s'imposer une fois pour toutes, l'exécutif faisant toujours preuve d'une tentation hégémonique sur le judiciaire et essayant sans cesse de grignoter son espace. Ce qui différencie les pays les uns des autres, c'est la capacité d'un pouvoir à concrétiser cette tentation et à placer la justice sous sa coupe. Le monde commence toutefois à prendre conscience de l'importance de l'indépendance du pouvoir judiciaire. La multiplication des textes de l'ONU, acceptés par les États membres qui s'engagent à les traduire dans les législations nationales, atteste que la revendication d'une bonne justice commence à être entendue.

L'impartialité n'est pas une notion abstraite. Pour qu'une justice soit impartiale, elle ne doit pas seulement être indépendante de l'exécutif, elle doit avoir la volonté et les moyens de juger hors de toute interférence extérieure. Elle doit rendre son verdict dans des délais normaux, en tenant compte du délit lui-même, des conditions dans lesquelles il a été commis, de son effet sur la victime et de la personnalité du délinquant. Une justice impartiale n'applique pas mécaniquement les lois.

La lenteur de la justice est l'un des facteurs les plus graves d'injustice : dans de nombreux pays, jusqu'à 70 % des détenus sont en détention provisoire dans l'attente de leur procès ! Pire, 60 % à 70 % de ces prisonniers auront effectué en provisoire plus que la peine qui leur aura été infligée, car la plupart de ces détenus écopent en général de moins de six mois. Sur ce chapitre aussi, bien sûr, on aurait tort de généraliser. De

---

1. Le 6 juillet 2001, dans une lettre ouverte au président de la République, le juge tunisien Mokhtar Yahiaoui dénonçait l'inféodation de la justice au pouvoir exécutif et à l'arbitraire politique. Il a été, pour cela, révoqué de son poste.

grandes différences existent non seulement entre les pays, mais entre les époques et entre les affaires elles-mêmes.

Selon que vous serez puissant...

Une telle lenteur peut être due à l'absence de coordination efficace entre la police et la justice. Parfois, c'est la prison qui ne tient pas à jour ses dossiers et ne produit pas les détenus devant les juges. Ce genre de dysfonctionnement peut expliquer qu'on oublie parfois, au sens propre du terme, des détenus en prison. Mais cette lenteur vient, pour l'essentiel, d'une absence de moyens, de formation et de volonté politique.

Les moyens de la justice et des justiciables sont un aspect fondamental du fonctionnement de l'appareil judiciaire et un facteur essentiel de son impartialité. Partout dans le monde, la justice manque de moyens, y compris dans les vieux pays démocratiques et riches où elle reste un parent pauvre des budgets. Que dire alors des pays aux moyens limités, où l'on ne peut satisfaire aux conditions les plus élémentaires de survie, où la justice apparaît comme un luxe, où les juges sont mal payés et socialement dévalorisés du fait qu'ils exercent un métier peu attractif ? Insuffisamment formés, ils quittent d'ailleurs cette profession dès qu'ils ont la possibilité de s'employer ailleurs. Vu leur faible nombre, les délais de jugement sont très longs et la justice n'est pas rendue normalement.

Les gens, dans ces pays, ne sont pas jugés en fonction du délit qu'ils ont commis mais en fonction de leur surface économique et de leur position sociale ou politique. Et la corruption y est une pratique omniprésente. Ces dérives sont d'autant plus courantes que, bien souvent, le fonctionnement des États ne s'inscrit pas dans des logiques institutionnelles mais dans des logiques de clans, de clientèles et d'enjeux financiers colossaux. En Colombie et dans d'autres pays où la culture et le trafic de stupéfiants dominent l'économie et la société, par exemple, la justice est totalement gangrenée par la corruption pratiquée par les narcotrafiquants, qui se payent les avocats les plus prestigieux et achètent les juges. Ils obtiennent ainsi des jugements favorables au mépris de toute justice. De telles pratiques sont généralisées dans les pays qui ont connu ces dernières années un développement important du crime organisé.

Dans de nombreux pays du Sud, les juges et les auxiliaires de justice n'ont reçu aucune formation spécifique. Dans le meilleur des cas, ils sortent des facultés de droit. Quelques juges de haut niveau ont pu être, à la rigueur, formés dans les pays occidentaux et d'autres y ont – au mieux – accompli un stage trop court pour être vraiment formateur. Très peu de pays possèdent une école de la magistrature. Dans les régions pauvres, comme l'est la plus grande partie du continent africain, on aurait pu envisager la création d'écoles régionales. Malheureusement, les chauvinismes nationaux ont empêché de tels établissements de voir le jour ou, dans les rares cas où ils ont existé, de se développer. Il n'existe pas non plus de formation continue.

La situation est encore pire pour certaines catégories de personnels de justice comme les gardiens de prison et l'ensemble de l'administration pénitentiaire. En Afrique, le Sénégal dispense dans ce domaine une modeste formation qui accueille parfois des ressortissants des pays voisins. L'Afrique du Sud et le Nigeria ont aussi des structures de formation pour les gardiens de prison. Ailleurs sur le continent, ce sont en général des policiers ou des gendarmes qui deviennent gardiens de prison, comme ils seraient affectés à la surveillance d'une banque ou d'un ministère. La situation n'est pas meilleure dans d'autres régions. En Asie centrale, le Kazakhstan n'a ouvert une école spécialisée pour les gardiens de prison qu'en 2000. Et ne parlons pas des greffiers, des travailleurs sociaux et d'autres catégories d'auxiliaires de justice. Dans certains pays, la profession de greffier n'existe même pas. La pauvreté des structures de formation pénalise le fonctionnement même de la justice.

Plus généralement, un pauvre risque plus d'être condamné qu'un individu disposant de moyens financiers ou de relations dans les cercles du pouvoir. Non seulement il n'a pas d'argent, mais il ne connaît pas la justice, qu'il soit délinquant ou victime. C'est cela l'inégalité devant la loi, et c'est chose beaucoup plus commune qu'on ne le pense car elle ne concerne pas seulement les délits graves ou les crimes, qui entraînent des peines de prison. Les inégalités existent au civil, qu'il s'agisse du paiement d'une amende ou d'une expropriation.

Souvent, le pauvre n'a même pas d'avocat. Lors d'un voyage récent en Jordanie, j'ai visité une prison qui abritait plus de mille détenus. Dans une cellule occupée par dix-huit personnes, toutes prévenues, une seule avait un avocat. Dans ce pays, l'État n'est tenu de fournir une aide judiciaire sous la forme d'un avocat commis d'office que pour les crimes passibles de la peine de mort ou de la prison à perpétuité. Dans d'autres, la loi en fait une obligation pour certaines catégories de prévenus comme les mineurs. Souvent, le tribunal ou les barreaux reçoivent des fonds de l'État pour rémunérer les avocats commis d'office dans les cas précisés par la loi. Il peut aussi arriver que les barreaux financent sur leurs fonds propres des programmes d'aide judiciaire pour les prévenus dans le besoin.

À côté de ces prises en charge institutionnelles, de plus en plus d'ONG apportent une aide aux catégories les plus vulnérables de prévenus. Plusieurs programmes de PRI comportent un élément d'aide judiciaire, comme au Pakistan et au Malawi. Au Pakistan, des ONG locales se sont fédérées pour constituer des bureaux d'avocats consacrés à l'aide judiciaire et PRI leur apporte un soutien. L'État a encouragé cette action qui a permis de désengorger les tribunaux et les prisons en accélérant la constitution des dossiers et les procès. Dans plusieurs pays des Caraïbes [2], PRI met en œuvre depuis 1996 un programme d'aide juridictionnelle pour les condamnés à mort, qui leur permet de faire appel, de se pourvoir en cassation, de constituer des dossiers de demande de grâce, d'en appeler aux

---

2. Jamaïque, Trinidad et Tobago, Bélize, Grenade, Saint-Vincent et Grenadines, Sainte-Lucie, Dominique, Saint Christopher et Nevis, Antigua et Barbuda.

tribunaux régionaux comme la Cour interaméricaine des droits de l'homme ou aux organismes internationaux. Plusieurs condamnés ont pu avoir gain de cause devant ces juridictions, leur procès ayant été annulé pour vice de forme ou partialité, ou leur sentence ayant été commuée. Une jurisprudence a même été créée à la suite de ces victoires judiciaires. L'aide judiciaire est donc un moyen essentiel pour permettre à la justice d'être plus efficace et moins partiale.

Justices parallèles…

Dans beaucoup de pays cependant, les choses sont rendues plus difficiles par la rareté des tribunaux et leur éloignement des justiciables. L'accès physique au juge en devient très coûteux. Des études faites au Zimbabwe, au Bangladesh, en Inde, montrent que des régions entières y sont dépourvues de tribunaux. Dans ces cas, la justice privée ou communautaire reprend le dessus. Au Pakistan, les grands féodaux restent les juges qu'ils étaient traditionnellement, et possèdent même leurs prisons privées. Dans d'autres pays, certaines catégories de délits ne sont jamais portées devant la justice formelle et sont traitées par des mécanismes de justice traditionnelle communautaire, plus proche et moins coûteuse. Le problème, c'est que cette justice traditionnelle n'est pas toujours juste non plus. Dans des pays comme l'Inde, le système des castes fait que les catégories d'individus considérés comme inférieurs y sont fortement pénalisées. Plus généralement, les femmes, les castés ou les pauvres obtiennent rarement gain de cause devant ce type de juridiction. La justice traditionnelle ne garantit donc pas l'équité, même si elle est rapide et peu onéreuse.

Dans les nombreux pays où elle existe, les délits peuvent être passibles de peines différentes selon qu'on s'adresse à la justice étatique ou communautaire. J'ai rencontré un exemple de ces différences chez les Maya du Guatemala : les chefs d'une communauté ont traité le cas du meurtrier d'un père de famille dont le crime n'était pas arrivé à la connaissance de

l'autorité publique. Au lieu de l'emprisonner ou de le con-
damner à mort, ils l'ont condamné à travailler le restant de ses
jours à l'entretien de la famille du défunt. Ce type de verdict
pose question, car il peut avoir plus d'effets positifs qu'un verdict classique.

Qu'est-ce qu'une justice équitable ? Qu'est-ce qu'une justice adaptée ? Il est bien difficile de répondre dans l'abstrait à
ces questions, et il faut toujours tenir compte du contexte. La
culture et la religion interviennent aussi dans la notion de
délit. Dans certains pays africains comme Madagascar, le vol
de bétail est un crime gravissime, qui peut être passible de la
peine de mort. Au Népal, le fait de tuer une vache est un
crime. Dans ces pays, la loi s'appuie sur la culture pour sanc-
tionner sévèrement de tels actes. Un même délit peut donc
recevoir des sanctions très différentes selon le pays dans
lequel il a lieu et la culture qui l'imprègne. La valeur des biens
peut aussi différer d'un pays à l'autre : le vol d'une bicyclette
est certainement plus grave en Chine qu'en France. Le cas le
plus extrême est celui du Pakistan où, chaque année, plus de
2 000 femmes sont tuées par leur frère, leur père, leur mari ou
un autre parent masculin. Quand de tels crimes arrivent devant
la justice, ils ne sont pas ou peu sanctionnés du fait de l'indul-
gence des juges devant ce type d'acte. Selon les normes culturelles traditionnelles, c'est en effet un devoir de laver
l'honneur de la famille en tuant la présumée coupable.

Certains actes de vindicte populaire ne peuvent, de même,
s'expliquer que par la culture. Là, il est bien difficile d'établir
une frontière entre la justice et la vengeance. Dans la justice
dite populaire, on ne peut parler de justice au sens formel du
terme, au sens d'un acte souverain, posé selon des règles précises, mais de sanction socialement acceptée d'un acte délic-
tueux. La question qu'il faut se poser est de savoir pourquoi
les gens ont recours à ce type de sanction populaire.

Il existe en matière de justice deux catégories de normes,
celles qui sont explicitement reconnues et celles qui sont
tacites. Toutes deux se situent en dehors de l'acte émotionnel
caractérisant la vengeance, et qui est sanctionné par la loi. Il
n'empêche, la frontière entre justice et vengeance reste parfois

floue. Dans certaines cultures, c'est cette dernière qui est codifiée. C'est le cas encore aujourd'hui en Jordanie ou au Yémen. Mais cette codification ne transforme pas pour autant la vengeance en justice. Le cas existe aussi où des justiciers autoproclamés à la Zorro contestent la justice légale pour imposer la leur. Au Bénin, il y a deux ans, les juges et les policiers avaient dû quitter une région après avoir été menacés par un justicier local – fort populaire au demeurant – parce qu'ils n'avaient pas sanctionné et prononcé les verdicts qui correspondaient aux normes de la communauté villageoise, qui avait fait de ce justicier un héros et le protégeait. Les autorités savaient fort bien où il était, mais son immense popularité lui procurait une véritable immunité.

Encore une fois, pourquoi, dans des pays qui se sont dotés depuis assez longtemps d'un appareil judiciaire formel, ces pratiques se généralisent-elles à nouveau ? Pourquoi le lynchage des voleurs devient-il si fréquent dans les grandes villes africaines ? Quant aux policiers chargés de veiller au maintien de l'ordre, ils laissent le plus souvent faire, soit qu'ils acquiescent à cette justice expéditive, soit qu'ils aient peur de ces foules en colère qui pourraient aussi bien s'en prendre à eux. La raison principale de la recrudescence de ce type de procédé réside, à mon sens, dans le fait que les gens n'ont guère confiance dans la justice formelle de leur pays.

... ou alternatives ?

S'il convient donc de rester prudent dans ce domaine, cela n'empêche pas d'explorer plus avant les solutions que peuvent offrir les justices dites non formelles. Dans plusieurs pays, on accorde désormais de l'importance aux individus et aux groupes qui, au sein d'une société, peuvent apporter une contribution originale à la solution des conflits. On a également noté que, dans de nombreux pays en transition ou secoués par des troubles civils, des systèmes non formels de gestion des conflits se mettent en place. En Afrique du Sud durant la lutte contre l'apartheid, au Mozambique pendant la guerre contre l'occupant portugais, en Ouganda à l'époque de la résistance contre les régimes d'Idi Amin Dada et d'Oboté, les habitants avaient mis en place des procédures judiciaires parallèles.

Certains États ont tenté de pérenniser ces pratiques en remettant à l'honneur l'institution du juge de paix ou en créant des tribunaux à juge unique. PRI s'est intéressé à ces recherches et a mis en œuvre depuis 1999 un programme baptisé « Accès à la justice », qui tente de promouvoir de nouveaux modèles de justice et de gestion pénale dans les pays en développement, principalement en Inde, au Bangladesh et dans quelques pays des Caraïbes et d'Afrique. Il s'agit d'abord d'étudier les pratiques existantes, puis d'aider les opérateurs qui s'y investissent, des ONG en général. L'idée est d'essayer de promouvoir des procédures judiciaires alternatives, tout en améliorant les méthodes traditionnelles souvent caractérisées, on l'a vu, par leur parti pris en faveur des groupes dominants ou de l'hégémonie masculine.

Au Bangladesh, par exemple, PRI essaye d'élargir le cercle des personnes habilitées à rendre la justice traditionnelle. Nous formons entre autres des femmes pour qu'elles puissent prendre part aux processus de médiation dans les conflits. Au Rwanda, du fait du génocide, de l'exode qui l'a suivi et de l'emprisonnement de dizaines de milliers d'hommes adultes, des communautés entières se sont presque totalement féminisées dans un pays où tout le système judiciaire a été détruit. Les femmes se sont constituées en comités pour trancher les conflits locaux, reprenant ainsi la tradition de la *gaccaca*, ou justice populaire. Elles ont, ce faisant, pris une place dans un système qui était auparavant exclusivement masculin. Voilà un exemple intéressant sur lequel nous travaillons pour trouver des remèdes justes à des situations de non-droit.

Une situation mondiale diversifiée

Si, de ce qui vient d'être dit, on peut conclure que la situation mondiale n'est pas très brillante, il faut, toutefois, nuancer ce tableau, et certaines situations peuvent s'expliquer historiquement ou du fait de circonstances particulières. Le cas le plus extrême est, au début du XXIᵉ siècle, celui du Rwanda, qui compte 120 000 à 130 000 prisonniers depuis le génocide de 1994, pour une population de 7 millions d'habitants, dont la plupart attendent toujours leur procès. Le Burundi vit également une situation très difficile : à la prison centrale de Bujumbura, 90 % des détenus attendent leur procès. Mais il y a aussi des pays qui jugent plus vite et plus efficacement, où la proportion des prisonniers en détention provisoire ne dépasse pas le quart de la population carcérale, pour une moyenne mondiale qui oscille comme on l'a vu entre 50 % et 60 %.

Ce chiffre révèle à quel point le fonctionnement mondial de la justice est mal en point, et encore il ne tient pas compte de la Chine, dont les statistiques sont soit inexistantes, soit non fiables. Les pays qui vont le moins mal dans ce domaine sont ceux où le fonctionnement de la société ne produit pas une criminalité trop importante, ceux où les lois ne sont pas trop dures et où l'attention nécessaire est accordée à l'administration de la justice. Il ne faut donc pas perdre espoir, d'autant que de nombreux États ont pris conscience de l'ampleur du problème et s'efforcent d'améliorer leur système judiciaire en faisant – entre autres – appel à des organisations comme PRI.

Ce sont surtout les pays en phase de transition vers des régimes plus ouverts et plus démocratiques où s'exprime cette volonté politique de changement. Ce désir d'améliorer les choses s'est d'abord manifesté dans plusieurs nations d'Amérique latine sortant de la dictature. Depuis plusieurs années, il touche aussi les États d'Europe centrale et orientale. De nombreux pays d'Afrique subsaharienne sont également en train de bouger. Certains d'entre eux, comme l'Afrique du Sud d'après l'apartheid, sont à la pointe de ce mouvement.

Mais ce phénomène touche aussi des pays plus modestes, comme le Mali. Depuis 1993, les autorités y organisent le 10 décembre de chaque année un forum de discussion démocratique, où tout le monde peut venir exposer ses griefs contre la puissance publique et ses fonctionnaires. En 1999, c'est un forum national sur la justice qui a été organisé : après un processus de préparation ayant duré plus d'un an, une consultation nationale a eu lieu dans la capitale, où ont été posés les principaux problèmes auxquels est confrontée la justice de ce pays.

Plus timidement, le monde arabe s'engage lui aussi dans des réformes. La Jordanie et le Maroc font des efforts méritoires dans ce sens. En Jordanie, au début de 2001, la période de garde à vue a été réduite et la détention provisoire a été limitée et réglementée de façon très stricte. Au Liban, le nouveau code de procédure pénale, adopté en 2001, ouvre des perspectives intéressantes en dépénalisant un certain nombre de conduites naguère assimilées à des délits. L'homosexualité, par exemple, si elle n'est pas encore complètement dépénalisée, n'est plus passible de prison. Pour réduire une dramatique surpopulation carcérale, le nouveau code libanais a également décidé que toute personne condamnée à moins d'un an de prison pouvait bénéficier du sursis ou d'une peine alternative. Ce pays a donc choisi de diminuer le recours à l'emprisonnement dans la sanction des délits mineurs. Voilà des avancées concrètes, qui incitent à l'optimisme.

Justice et prison

Cela dit, l'enfermement peut représenter un progrès par rapport à des châtiments jadis couramment pratiqués, comme le bannissement, les châtiments corporels ou la peine de mort, encore si largement répandue. Il a historiquement représenté une alternative à d'autres punitions plus barbares. De plus, la détention a été humanisée depuis 1945, grâce à la Charte des Nations unies et à la Déclaration universelle des droits de l'homme. Les conventions de Genève sur les conflits internationaux constituent elles aussi des textes essentiels dans ce domaine. En 1955, les Nations unies ont établi des règles pour le traitement des prisonniers[3]. En 1966, elles se sont occupées de la délinquance juvénile et du traitement des mineurs. Depuis quelques années, elles sont en train de franchir un nouveau pas en préparant et en soumettant à la discussion des textes internationaux sur le crime transnational organisé et le trafic des êtres humains. Cette panoplie de normes, en principe acceptées et respectées par la communauté internationale, devrait se perfectionner encore au cours des prochaines années. Mais il est vrai que, dans cette évolution à bien des égards positive par rapport aux châtiments pratiqués à des époques plus anciennes, la privation de liberté est devenue la norme en matière de sanction.

Depuis les années cinquante cependant, on commence à remettre en cause non seulement la légitimité du tout carcéral, mais aussi son efficacité. Paradoxalement d'ailleurs, ce sont souvent les administrations pénitentiaires qui posent la question de l'efficacité et remettent en cause, par ce biais, le tout carcéral. Elles sont aux premières loges pour constater que la prison sert de dépotoir à la société qui y jette sans discernement ses marginaux, puisque certains pays vont jusqu'à punir de prison le vagabondage ou d'autres comportements qui ne présentent un danger pour personne, comme le fait de ne pas avoir de papiers d'identité. Cela fait souvent des administrations pénitentiaires les alliés les plus déterminés d'une évolution vers la relativisation de la prison, qui ne doit pas être un outil de gestion sociale.

En règle générale, l'emprisonnement se justifie pour les personnes violentes qui représentent un danger pour la sécurité de la société. Voilà la vraie norme. Il peut également se justifier s'il sert à protéger un délinquant que sa mise en liberté mettrait en danger. Mais cette nécessité ne doit pas devenir un prétexte pour emprisonner, comme c'est de plus en plus souvent le cas. Au Bangladesh, au Pakistan, en Jordanie par exemple, les femmes ayant « attenté » à l'honneur de la famille sont de plus en plus souvent placées derrière les

---

3. *Ensemble des règles minimales pour le traitement des prisonniers*, N.U. 1955.

barreaux. L'État a, certes, le devoir de les protéger contre la loi du clan mais, en réalité, elles se retrouvent en position de coupable, comme si elles avaient réellement commis un délit. On les prive de liberté, au lieu de leur assurer une vraie protection et de travailler à ce que les mentalités changent.

On ne doit donc recourir à l'enfermement que dans le cadre de règles justes et équitables, et seulement afin de protéger la société de la violence. En aucun cas, la prison ne doit être utilisée comme un outil de gestion de la transgression et de la différence en mettant entre parenthèses, en écartant tous ceux qui posent problème à la société, en n'étant plus – en définitive – qu'une forme moderne du bannissement. Aujourd'hui, on cache les délinquants ou les hors-norme pour qu'ils n'existent plus, on les condamne à la mort sociale.

La prison sert en outre trop souvent d'outil de gestion de la vie politique. La justice est alors utilisée pour éliminer l'adversaire du pouvoir. Le pouvoir tchadien a ainsi arrêté en 2001 tous les candidats qui se présentaient contre le président en exercice entre les deux tours des élections présidentielles. La détention peut donc se muer en instrument des régimes dictatoriaux et devenir un véritable mode d'exercice du pouvoir.

Il faudrait pouvoir donner un sens positif à la prison, ce qui n'est sûrement pas le cas quand on a pour objectif de cacher un être humain, de le mettre entre parenthèses. La privation de liberté devrait s'accompagner d'un traitement, puisque le prisonnier est considéré comme un anormal par rapport aux normes sociales en vigueur. Tout détenu devrait pouvoir bénéficier d'une prise en charge ayant pour but de lui réapprendre à vivre en société. Cette conception s'oppose totalement à certaines thèses, américaines notamment, qui attribuent la criminalité à un facteur génétique. Une politique de réhabilitation et de resocialisation des prisonniers ne peut toutefois être efficace que dans le cadre d'une politique plus générale de dépénalisation d'un grand nombre de délits et d'abandon du tout carcéral. Pour bénéficier de tels programmes, la population concernée doit en effet être réduite au minimum incompressible des personnes réellement dangereuses pour la société. Avec une population carcérale réduite et des moyens plus importants, on peut commencer à réduire la récidive et la contagion.

La prison, en définitive, devrait davantage exercer un rôle de protection que de punition. Seule la privation de liberté doit être une punition, et pas les conditions de détention. Hormis cette privation, tous les autres droits humains doivent être garantis au prisonnier. Le respect de ces droits est d'ailleurs un préalable à tout programme de réhabilitation. Il ne faut pas oublier que pratiquement toutes les personnes qui entrent en prison sont supposées en sortir un jour. C'est parce qu'on oublie trop souvent cela que la prison est, partout dans le monde, une école de régression.

4

Le monde de la prison

■ LES SOCIÉTÉS CONTEMPORAINES *veulent de la prison. En quelques décennies, la punition par l'enfermement est devenue – dans l'esprit des gens – la solution miracle à toutes les formes de délinquance, y compris les plus bénignes. Cette conviction de l'efficacité de la prison a conduit le monde actuel à une fuite en avant vers un « tout carcéral » dont les conséquences sont à bien des égards désastreuses.*

Malgré les études montrant que les peines les plus lourdes n'ont pas de caractère dissuasif, rien n'y fait. À de rares exceptions près, la justice aujourd'hui condamne plus, et plus lourdement. Depuis un quart de siècle, la population carcérale a augmenté, presque partout dans le monde, à un rythme beaucoup plus rapide que celui de la population. Les États-Unis, qui détiennent la palme en la matière, ont vu la leur tripler depuis 1980, pendant que le taux de criminalité n'augmentait que de 7 %. En 2001, la première puissance mondiale comptait plus de 2 millions de détenus, contre un peu moins de 1,3 million en 1992 et environ 500 000 en 1980. Avec 669 prisonniers pour 100 000 habitants, les États-Unis font désormais mieux que la Russie. Dans ce pays, le nombre de prisonniers est d'abord passé de quelque 722 000 en 1992 à plus de 1 million en 1998, alors que le nombre global de Russes accusait, lui, une légère baisse, passant de 148 à 146 millions entre 1990 et 2000, ce qui faisait un ratio de 680 pour 100 000. Depuis, ce dernier a légèrement diminué. À côté de ces deux pays, la Chine apparaît presque vertueuse avec – pour autant qu'on le sache –

115 prisonniers pour 100 000 habitants et un nombre total de détenus officiellement estimé à environ 1,5 million [1].

On n'a pas fini de mesurer les conséquences sociales, sanitaires, psychologiques de cette fuite en avant. En matière de santé, les statistiques sont carrément catastrophiques dans certains pays. Partout, les taux de morbidité et de mortalité des détenus sont très supérieurs aux moyennes de la population. Partout, la tuberculose et le sida font des ravages. En Afrique, la prévalence de la tuberculose atteint 665 pour 100 000 en milieu carcéral, contre 60 pour 100 000 dans le reste de la population [2]. En 2000, près de 100 000 prisonniers russes, soit environ 10 % de la population carcérale, étaient atteints de tuberculose, et plus de 4 000 du sida. Au Brésil, 20 % des détenus sont porteurs du VIH. À Porto Rico, 94 % des détenus seraient atteints par l'hépatite C selon le centre de contrôle des maladies d'Atlanta. On pourrait continuer longtemps cette fastidieuse litanie de l'horreur.

Le tout carcéral ne résout donc rien, bien au contraire. Il ne semble pas, pourtant, que cette option régresse tant les stress sécuritaires apparaissent comme une caractéristique des sociétés contemporaines du Nord comme du Sud. ■

Des prisons surpeuplées

La population carcérale mondiale approche les neuf millions d'individus. Ce chiffre – donné par les Nations unies – est une approximation, dans la mesure où l'on ne connaît pas le nombre exact des détenus en Chine. Mais, chaque détenu faisant partie d'une famille, le nombre de personnes directement concernées par la prison est beaucoup plus important : il

---

1. Les statistiques concernant le nombre de détenus ne sont pas identiques selon les sources. Pour les États-Unis, on a retenu – outre les chiffres officiels – celles de l'International CENTER FOR PRISONS STUDIES, *Prison Brief for USA* (4 février 2002) et du site <www.prisonactivist.org>. Les chiffres pour la Russie et la Chine viennent du site <www.prison.org>.

2. Conférence internationale VIH/Sida et prison en Afrique, 16-18 février 1998, Dakar.

faut au minimum tripler le nombre des détenus pour s'en approcher. Autre caractéristique, l'écrasante majorité de la population carcérale est masculine. Elle est composée pour l'essentiel de jeunes adultes mâles dans la force de l'âge, ce qui aggrave les problèmes liés à la promiscuité. La sexualité est, en milieu carcéral, un problème majeur. Du fait de cette promiscuité, le milieu carcéral est en outre très pathogène et les jeunes prisonniers sont exposés à toutes sortes de maladies contagieuses. La tuberculose, par exemple, y prend des dimensions catastrophiques et touche des dizaines de milliers de personnes dans de nombreux pays. Le danger qu'une telle situation représente pour la santé publique n'est jamais pris en compte.

Les femmes ne représentent – selon les pays – que 2 % à 5 % de cette population. Ayant plus rarement que les hommes une activité économique publique, exerçant moins de responsabilités dans l'administration, ayant moins de pouvoir, elles sont moins exposées à la corruption. Elles fréquentent également moins les lieux publics et sont, par conséquent, à l'abri de certains délits. Par ailleurs, les sociétés protègent sans doute davantage les femmes que les hommes. Leur statut a, en quelque sorte, deux faces : les sociétés masculines leur donnent moins de pouvoir et moins de responsabilités car elles les considèrent comme des êtres faibles, qui ont besoin de protection et suscitent la pitié, au même titre que les autres catégories de personnes dites vulnérables. Enfin, il existe des catégories de crimes, comme le viol, qui sont spécifiquement masculines. Mais, paradoxalement, les femmes commettent plus de crimes que de délits. Beaucoup de condamnées l'ont été pour le meurtre d'un homme qui leur est proche. En 1992, la prison des femmes de Tirana, en Albanie, abritait vingt-cinq détenues. Toutes avaient été condamnées pour meurtre du mari, du père ou du frère. Souvent, les femmes n'ont de choix qu'entre le suicide et le meurtre. Au Pakistan, en Iran et dans toutes les sociétés très répressives sexuellement, les suicides de femmes sont anormalement nombreux.

Mesurée en fonction de la capacité d'accueil des lieux de détention, la surpopulation carcérale est une caractéristique commune à tous les pays du monde, à quelques exceptions près. La capacité d'hébergement d'une prison ne se calcule pas uniquement en fonction du nombre de lits. Elle doit prendre en compte l'existence des autres lieux nécessaires à la vie : cuisines, sanitaires, réfectoires, lieux de réunion et de récréation, salles de sport, etc. On peut aussi estimer la surpopulation en fonction du ratio d'incarcération, c'est-à-dire du nombre de détenus pour cent mille habitants. Dans le monde, ce ratio va d'un maximum d'environ 700 pour 100 000 – c'est le cas de la Russie et des États-Unis qui sont les champions du tout carcéral, si l'on fait exception de la situation paroxystique prévalant au Rwanda – à des minima de 100 à 150 pour 100 000 que l'on trouve surtout en Europe occidentale. Les pays scandinaves affichent depuis longtemps les ratios les plus bas de la planète.

Au cours du dernier quart de siècle, on a assisté à une augmentation explosive du nombre de prisonniers dans le monde. C'est que, partout, les opinions publiques se mobilisent pour défendre le recours à l'emprisonnement comme solution miracle contre la délinquance. Le monde est aujourd'hui en demande de prison. Cette dérive est amplifiée par deux phénomènes qui se renforcent l'un l'autre : le rôle des médias et la démagogie électoraliste des hommes politiques dans les pays démocratiques.

Le « moins de prison » n'est certainement pas, aujourd'hui, un argument électoral. La lutte contre la criminalité et le renforcement de la sécurité sont au contraire payants auprès d'opinions qui ont besoin d'être rassurées. Tout se passe comme si les politiques voulaient satisfaire les souhaits supposés de l'opinion publique, dont ils ont en grande partie créé les peurs, en devançant souvent les demandes. Les stratégies électorales sont élaborées sur la base de ce qui pourrait rendre le candidat populaire. Or la popularité est souvent perçue par les stratèges comme devant passer par la satisfaction des exigences de sécurité, bien avant des questions tout aussi cruciales comme l'emploi. Tout se passe comme si, à chaque campagne électorale, on cherchait à séduire la partie la plus conservatrice de l'opinion en privilégiant ses revendications.

Et ces dernières sont amplifiées par l'écho médiatique qui leur est donné. C'est ainsi qu'on crée l'exigence du tout sécuritaire dont l'étranger est souvent la première victime. À leur décharge, il faut cependant constater que la stigmatisation de l'immigré n'est pas l'apanage des pays riches. On la retrouve partout, en Afrique et au Moyen-Orient notamment. Durant les campagnes électorales de 2002, les hommes politiques français ont illustré jusqu'à la caricature cette dérive populiste à relent sécuritaire.

Le rôle des médias est lui aussi très important dans la formation de l'opinion. Or la plupart d'entre eux ont pour premier objectif de se vendre, et privilégient pour ce faire les faits divers à sensation. Car, à l'instar des politiques, ils supposent que l'opinion est friande de ce genre d'information qui constitue le terreau des préoccupations sécuritaires. Et, comme on estime que le « tout prison » est le meilleur garant de la sécurité publique, le tour est joué.

Cette croyance dans l'efficacité de la prison vient de la fausse conviction qu'elle a sur le délinquant un effet dissuasif. De nombreuses études montrent pourtant qu'il n'y pas de lien de cause à effet entre le délit et la peur de la sanction. Le criminel ne pense pas, avant de commettre un meurtre, à la punition qu'il va encourir. Les États-Unis sont une véritable caricature de cette dérive. Ce qui est terrifiant dans ce pays c'est que, malgré la diminution de la délinquance au cours des dernières années, les politiques demandent encore plus de prison. On connaît le cas d'un homme condamné à vingt-cinq ans de prison pour avoir volé un quart de pizza, en vertu de la loi sur la récidive qui, au bout du troisième délit et quelle qu'en soit la gravité, condamne le récidiviste à une peine incompressible de vingt-cinq ans !

Les États-Unis, la Russie et leurs émules

Le quart de la population carcérale mondiale, soit un peu plus de deux millions de personnes, se trouve aux États-Unis, qui n'abritent pourtant que 4 % de la population du globe.

Cette situation s'explique, pour une bonne part, par la violence de l'histoire de ce pays et par son culte de l'individualisme. L'exemple le plus frappant de cet héritage est l'incroyable gestion de la question des armes à feu. Voilà un pays où les enfants sont élevés dans la pratique des armes a feu, sans qu'on tire les conséquences du caractère catastrophique de cette familiarité. Chaque fois qu'on s'attaque à ce problème, il se trouve des gens pour invoquer la sacro-sainte liberté de l'individu à se défendre et à décider de ce qui est bon pour lui. On peut également expliquer par l'héritage le fait que la justice est scandaleusement raciste, les minorités « de couleur » étant anormalement surreprésentées au sein de la population carcérale.

Par ailleurs, le mariage de l'invidualisme et du libéralisme qui caractérise les États-Unis fait que tout y est monnayé. Le secteur privé étant synonyme d'efficacité, même la gestion de la justice est en train d'être privatisée avec le passage de nombreuses prisons sous gestion privée. Les prisons privées ne sont même pas tenues de respecter un cahier des charges, et les sociétés qui les gèrent sont cotées en Bourse. Plus les lits de prison qu'elles possèdent sont occupés, plus leurs actions montent. Dans un pays où l'efficacité du lobbying a atteint un degré de quasi-perfection, on peut craindre que le lobby des prisons fasse tout pour accentuer la dérive punitive du système judiciaire.

Il existe aux États-Unis une « économie du crime » qui va du crime organisé et des mafias à la justice elle-même. Le traitement de la délinquance y est un business. Les dérives de la justice et du système carcéral révèlent l'ampleur de la crise que traverse aujourd'hui la démocratie américaine. Car l'état de ses prisons est un bon indicateur de la santé et du degré de civilisation d'une nation. Cette crise du système judiciaire est donc la manifestation d'une crise des valeurs. L'État, qui a historiquement ôté à l'individu le droit de se faire justice pour s'en attribuer le monopole et placer ainsi la justice au-dessus des intérêts individuels, cède aujourd'hui son monopole à des individus et à des groupes privés pour de l'argent.

L'Australie a un système de gestion des prisons assez proche de celui des États-Unis. Certains pays ont même devancé ces derniers sur certains aspects de la gestion des prisons, mais sous des formes différentes. Ainsi, la France sous-traite depuis longtemps au privé la nourriture, l'éducation et la formation, mais pas la surveillance – les pouvoirs publics n'ont pas privatisé la gestion de la prison elle-même. Il existe aussi en Grande-Bretagne des prisons privées : le ministère de l'Intérieur a fait jouer, dans ce domaine, la concurrence entre secteur public et secteur privé sur la base de cahiers des charges précis. Selon les autorités, cette mise en concurrence a amélioré le fonctionnement du secteur public et s'est traduite par une humanisation des conditions de détention.

Mais le vrai danger, aujourd'hui, c'est l'existence d'entreprises multinationales britanniques, américaines et françaises spécialisées dans la gestion des prisons, qui se concurrencent pour vendre leur savoir-faire dans les pays du Sud. Une entreprise britannique a poussé le Malawi et le Lesotho à accepter de signer un contrat. Une société française négocie avec le gouvernement libanais. Une autre, américaine, construit la plus grande prison d'Afrique du Sud. On mesure le danger quand on sait que la plupart des pays du Sud ne possèdent aucune capacité de contrôle et que la corruption y sévit à l'état endémique. Or la solution est tentante pour des pays dépourvus de moyens qui se voient proposer non seulement la gestion, mais la construction des prisons, sans qu'ils aient rien à débourser.

La Russie est une autre caricature du tout carcéral et illustre les dérives qu'on peut observer dans l'ensemble des pays « en transition ». Quand on parle de transition des ex-pays socialistes, on pense en général à la démocratie. Mais il s'agit aussi d'une transition vers le libéralisme qui provoque une grande insécurité économique et une explosion du chômage. C'est d'ailleurs une des raisons pour lesquelles les partis communistes y reviennent au pouvoir tout à fait démocratiquement, par les urnes. Ce contexte a fait s'envoler la criminalité économique. Les mafias se sont multipliées et les nouveaux riches étalent leur opulence sans aucune pudeur. Mais les pouvoirs utilisent aussi le prétexte du crime économique pour mettre au pas leurs oppositions. Par ailleurs, une partie de la population précarisée cherche à survivre par tous les moyens, et le secteur informel a pris d'énormes proportions. Cet ensemble de phénomènes permet d'expliquer l'apparition de nouvelles formes de criminalité.

En outre, le système carcéral lui-même est entré en crise. Dans l'univers soviétique, les prisons étaient intégrées au système de production planifié, qui a été détruit. Du coup, personne ne sait plus comment gérer des prisons qui ne rapportent plus. Les bâtiments ont cessé d'être entretenus et les prisonniers sont laissés à l'abandon. Cela dit, la Russie essaye de lutter contre la surpopulation carcérale. Elle a voté, pour ce faire, plusieurs lois d'amnistie dont une, en 2001, a permis de libérer plus de cent mille détenus.

Anciens et nouveaux délits

Les cas américain et russe sont d'autant plus préoccupants que toutes les études effectuées montrent que la criminalité n'a pas augmenté dans les pays ayant aboli la peine de mort ou réduit le recours à la prison. Mais l'opinion publique est rarement influencée par les statistiques réelles : elle réagit à d'autres stimuli, en général beaucoup plus émotionnels.

Les statistiques peuvent, d'ailleurs, traduire une augmentation de certains délits parce que, tout simplement, les citoyens portent davantage plainte. C'est le cas des crimes à caractère sexuel et spécialement des abus sexuels sur les enfants. Cela dit, il faut se féliciter que certains comportements soient désormais considérés comme des délits passibles d'emprisonnement. Le viol, naguère encore considéré comme un simple délit, est désormais assimilé à un crime dans un nombre de plus en plus grand de pays. Dans certains d'entre eux comme la Tanzanie, il est passible d'une peine d'emprisonnement incompressible, que le juge n'a pas le droit de réduire. À l'inverse, certains actes qui pouvaient constituer jadis un délit sont désormais considérés comme normaux ou, en tout cas, acceptés. Les évolutions technologiques ont par ailleurs créé de nouveaux délits, comme la délinquance informatique. Enfin, le développement spectaculaire du crime organisé depuis un peu plus d'une décennie, grâce – entre autres – au perfectionnement des moyens de communication, a entraîné une augmentation des peines de prison.

Plus généralement, on assiste, dans le monde contemporain, à une criminalisation croissante des délits et à l'investissement constant de nouveaux espaces par la justice. La sphère familiale, par exemple, y est beaucoup plus confrontée que naguère par le biais des sanctions de plus en plus fréquentes contre la violence domestique ou l'inceste. À l'inverse, les défaillances des pouvoirs publics dans certains États font que la justice ne prend en charge qu'une faible part de ce qui relève de sa compétence. Une étude effectuée en 1996 par l'université de Lagos a démontré que 86 % des délits commis au Nigeria ne parviennent même pas jusqu'à la police. Des études effectuées en Angleterre ont montré que sur cent personnes dont le comportement est préjudiciable à la société, sept seulement franchissent les portes de la prison. Il faut divulguer de tels chiffres pour tenter de convaincre que le tout carcéral n'est pas une solution. La solution de l'enfermement doit demeurer marginale pour conserver tout son sens. Elle est une forme nécessaire de protection et une gestion de la déviance qui doit être utilisée à bon escient. Et surtout, il faut comprendre que la perception de l'insécurité ne traduit pas toujours la réalité.

Les conditions de vie d'aujourd'hui, dans les mégapoles surtout où se délitent les liens sociaux, jouent aussi un rôle dans l'augmentation de ce qu'on pourrait appeler le stress sécuritaire. Les habitants des mégapoles ne se connaissent pas, ne se font pas confiance, ne comptent pas les uns sur les autres, ne se sentent pas protégés par le voisinage. L'idée même de voisinage a pratiquement disparu, remplacée par la volonté de se barricader pour se protéger. Puisqu'il n'y a plus de voisins, on se met sous la protection de la technique, et les systèmes d'alarme ne se sont jamais aussi bien vendus. Cette évolution encourage la criminalité, dans la mesure où on ne se sent pas tenu de respecter les codes sociaux, où la surveillance qui était inhérente à la proximité ne peut plus s'exercer Si, dans les communautés traditionnelles, les crimes sont plus rares, c'est parce que la surveillance collective pèse sur les individus.

Reste que l'urbanisme peut, selon les cas, être aussi bien un facteur d'augmentation que de diminution de la criminalité. Des études sociologiques effectuées en Afrique du Sud ont constaté que le fait de faire passer une route, non plus par le centre d'une localité mais par sa périphérie, y diminue la délinquance. Il a également été démontré que quand un quartier n'a pas d'espaces verts, pas de lieu de réunion où les jeunes peuvent se retrouver, pas d'espace dévolu à la vie collective, où il n'y a pas de contact entre les générations, les habitants sont abandonnés à eux-mêmes et les jeunes pallient ces manques en créant des bandes et des clans.

Ajoutons à cela que la société stigmatise collectivement les habitants des banlieues difficiles qui sont souvent physiquement coupées du reste de la ville. Tout cela nourrit le sentiment d'exclusion et de frustration, donc de vengeance sociale, qui habite nombre d'habitants de ces quartiers. La nature du tissu urbain peut donc aider à la désintégration du tissu social qui, à son tour, affaiblit chez les plus fragiles le sentiment du licite et de l'illicite.

Une crise des systèmes de sanction

Divers facteurs expliquent donc la fuite en avant vers le tout carcéral des dirigeants et des législateurs de tant de pays, qui durcissent de plus en plus les lois. Ils ont le sentiment de devoir répondre aux attentes populaires en se montrant de plus en plus répressifs. Quand un meurtre est commis par un récidiviste ou par un prisonnier en fin de peine qui bénéficie d'un droit de sortie, on a vite fait d'accuser la justice de laxisme et de réclamer plus de fermeté. Voilà aussi pourquoi les politiques attachent si peu d'importance à la prévention.

Cette fuite en avant empêche, en outre, la justice de faire son travail. Elle est dépassée par l'augmentation continue du nombre de dossiers qu'elle doit traiter. Le système devient de plus en plus lourd et les moyens ne suivent pas alors que les infrastructures se détériorent. Les délais de préventive se prolongent et les cas mettent de plus en plus de temps à être traités, ce qui favorise la corruption car, dans certains pays, il faut payer pour qu'un dossier se retrouve en haut de la pile. La justice est ainsi dévoyée de ses vraies missions et rendue de façon de plus en plus arbitraire et injuste. Cette situation accroît le manque de confiance de la population dans son système judiciaire, qui explique sa propension à se faire justice soi-même, à retourner à des formes de justice privée ou communautaire. Ainsi s'aggrave la crise des systèmes de sanction, qui affecte même les pays les plus développés.

Dans les pays du Sud, elle est dramatique. Et quand certains responsables déclarent qu'ils veulent améliorer le système, ils se contentent de surélever les murs d'enceinte des prisons et de multiplier les miradors. Voilà en quoi consiste le plus souvent l'amélioration des systèmes carcéraux. En attendant, les détenus sont abandonnés à eux-mêmes, dans des conditions parfois atroces, comme ceux que j'ai vus dans une prison libanaise, obligés de dormir dans les toilettes faute de place. Certains États veulent s'en sortir, comme les États en transition du Sud et de l'Est, mais ils ne trouvent pas les moyens de le faire. D'autant que la communauté internationale ne les aide pas beaucoup. Son intérêt se porte davantage aujourd'hui sur la lutte contre le crime transnational organisé que sur les réformes de la justice.

Parfois, les prisonniers se révoltent contre les lenteurs de la justice. Au Niger, en 1998, j'ai entendu de la bouche même de responsables de l'administration pénitentiaire l'histoire tragique d'un groupe de prisonniers révoltés. Ils avaient refusé de se rendre au tribunal, arguant qu'on ne s'occuperait de toute façon pas d'eux et que seuls les puissants avaient le privilège d'être jugés rapidement. Au cours de l'altercation, ils malmenèrent un peu le directeur de l'administration pénitentiaire. Chargée de mater la révolte, la garde républicaine plaça les vingt-neuf meneurs dans une cellule en attendant de les transférer dans une prison du Sahara. C'était le week-end. Les détenus commençaient à étouffer dans leur cellule surpeuplée privée de toute aération. Pour calmer leurs cris, les gardiens y ont jeté des grenades lacrymogènes. Les détenus sont tous morts. Voilà comment peuvent finir des prisonniers qui n'ont peut-être commis que des délits mineurs et n'en peuvent plus d'attendre leur procès. Nombre d'entre eux seraient probablement sortis au terme de leur procès.

De façon plus générale, la surpopulation carcérale est catastrophique dans les pays du Sud. Ces derniers n'ayant, en général, pas les moyens de gérer cette surpopulation, le traitement de la plupart des détenus contrevient aux règles les plus élémentaires du respect de la personne. Quand il n'y a pas d'administration pénitentiaire, la police – qui gère en général la sécurité – délègue à certains prisonniers le pouvoir d'exercer la fonction de gardien et d'assurer le maintien de l'ordre, avec toutes les dérives qu'on peut imaginer. Au Népal, en 1994, il n'y avait aucun surveillant à la prison centrale de Katmandou. Les détenus qui assuraient cette fonction avaient même un uniforme et un bâton, et leur chef, prisonnier lui-même, avait 104 personnes sous ses ordres ! Au Rwanda, dont la situation est certes particulière, les prisonniers responsables de la surveillance sont coiffés d'une casquette où est écrit le mot « sécurité ». De telles situations sont d'autant plus graves que les caïds des prisons sont en général choisis pour y maintenir l'ordre. Et même si les détenus-surveillants ne sont pas des caïds au départ, ils le deviennent de toute façon, grâce au pouvoir qu'on leur donne sur les autres, puisque ce sont eux qui organisent la vie dans la prison, distribuent l'eau et la nourriture, décident des sanctions, etc.

Quant aux conditions de vie des prisonniers, elles sont épouvantables dans de nombreux pays pauvres. Au Pakistan, l'administration ne dépense pour chaque détenu qu'un quart de dollar par jour et, dans certains cas, encore moins ! Mais, si on multiplie cette dépense dérisoire par 80 000, soit le nombre de locataires des prisons pakistanaises, on se rend compte qu'il s'agit là d'une charge non négligeable pour le budget. Le tout carcéral coûte donc de l'argent dans des pays qui sont pourtant dans l'impossibilité de satisfaire aux besoins essentiels.

Un drame social et sanitaire

La population carcérale mondiale est constituée en grande majorité, je l'ai dit, de jeunes hommes adultes pauvres. Or ces détenus sont souvent des chefs de familles, lesquelles se voient privées, du coup, d'une part importante sinon exclusive de leurs revenus, et dans lesquelles les enfants sont souvent fragilisés. Au Rwanda, où la population carcérale est anormalement élevée, les femmes ont du mal à se charger seules des travaux des champs, et la production vivrière s'en ressent. Non seulement le prisonnier ne rapporte plus rien, mais il devient une charge quand il faut lui fournir régulièrement des compléments de nourriture. Les familles de détenus deviennent ainsi plus vulnérables et ont tendance à s'appauvrir davantage. Elles peuvent en outre être rejetées par leur environnement social et écartées de la vie collective. La destructuration familiale engendrée par l'incarcération d'un de ses membres peut donc aller très loin, jusqu'à favoriser une reproduction des comportements criminogènes en son sein.

S'ajoute à cela le danger pour la santé publique. Une juge zambienne donnait comme exemple de la folie de la fuite en avant carcérale un cas qu'elle avait eu elle-même à traiter. Elle avait condamné à six mois de prison un jeune comptable coupable de malversations. Violé par ses codétenus, le jeune homme y était mort du sida avant même la fin de sa peine. Cette juge n'arrivait pas à libérer sa conscience, elle qui, sans le vouloir, avait condamné à mort un homme coupable d'un délit mais non d'un crime. Cette sinistre anecdote illustre l'ampleur des drames sanitaires qui ont lieu en prison. C'est pourquoi, à PRI, nous réclamons que la santé soit prise en charge par les ministères de la Santé et non par les administrations carcérales. La santé publique, en effet, ne doit pas être gérée par un appareil administratif dont l'objectif premier est

la répression. Certains pays ont franchi le pas, et pas seulement parmi les démocraties développées. En Jordanie et au
Sénégal, la santé dans les prisons est sous la responsabilité du
ministère concerné. Chacun doit s'occuper de ce qu'il sait
faire et la santé ne doit pas échapper à cette règle, de même
que la formation professionnelle ou l'éducation ne sont pas du
ressort de l'administration pénitentiaire mais des ministères
ou des autorités qui ont les compétences nécessaires pour s'en
occuper.

Arrêter la fuite en avant

De nombreuses voix s'élèvent aujourd'hui pour dépéna-
liser certains délits, ce qui permettrait de réduire la population
carcérale. Mais, sans même parler des alternatives à la prison,
une telle réduction peut déjà être obtenue par une gestion plus
intelligente de cette population, et avant tout par la séparation
des différentes catégories de prisonniers. On pourrait ainsi
limiter la détention dans des centres de haute sécurité, qui
nécessitent d'importants moyens, aux personnes réellement
dangereuses pour la société. Dès lors qu'on isole les grands
criminels, on peut avoir des prisons ouvertes ou semi-
ouvertes, qui demandent moins de surveillance, donc moins
d'investissements. La réglementation internationale recom-
mande cette « catégorisation » des prisonniers, considérant
que c'est une condition de la bonne gestion de la vie en prison.
Toute administration pénitentiaire devrait donc étudier le
cas de chaque détenu dès son arrivée pour évaluer son état de
santé, ses besoins, son niveau éducatif et professionnel, ses
tendances psychologiques, les risques qu'il présente. En fonction bien sûr du délit ou du crime commis, et aussi de l'âge,
elle établirait des profils destinés à mettre en place une gestion personnalisée des détenus. C'est grâce à ce travail préalable qu'elle pourrait créer des groupes de détenus et les
soumettre à des régimes carcéraux différents. Il existe des
détenus violents, souvent récidivistes, qui ont de graves problèmes psychologiques et qu'il faut placer dans des lieux

appropriés. Au cours de sa détention, un prisonnier peut également connaître des crises qui le rendent momentanément violent ou dangereux et qui nécessitent un traitement particulier. Seule la catégorisation permet à un pays de connaître ses vrais besoins en lieux de haute sécurité.

Certains pays fournissent déjà des efforts pour réduire leur population carcérale. Au Liban, par exemple, les prisonniers qui se comportent correctement bénéficient d'une réduction automatique de peine de trois mois par an. En Zambie, les prisons ouvertes existent depuis plusieurs années. J'y ai visité une petite prison agricole simplement délimitée par des cordes et des piquets et dépourvue de surveillants. Elle est occupée par des prisonniers en fin de peine, qui ont eu une bonne conduite pendant leur détention et ont montré qu'ils n'avaient pas l'intention de fuir. Ils disposent de terrains qu'ils cultivent, non seulement pour leur propre approvisionnement mais aussi à des fins commerciales. La prison peut ainsi s'autofinancer et les équipes de travail s'autogèrent : les prisonniers vont aux champs et en reviennent sans aucun surveillant. Même les camions de transport de vivres sont conduits par des détenus. Cette expérience montre que les conditions d'incarcération peuvent être différentes à des moments successifs de la peine et selon les catégories de prisonniers. Le directeur zambien de l'administration pénitentiaire a présenté cet exemple aux Nations unies en 2000, dans un débat organisé par PRI.

Mettre tous les prisonniers dans des conditions de haute sécurité est une aberration, sans compter le gaspillage de moyens que cette dérive implique. Un proverbe tunisien dit que si une souris tombe dans une jarre d'huile, c'est toute l'huile qui est gâtée. On peut dire la même chose de la prison : si on mélange tous les prisonniers, si on met côte à côte – comme c'est trop souvent le cas – un émetteur de chèques sans provision et un meurtrier ou un braqueur de banques, les plus nocifs contaminent l'ensemble du groupe. C'est la fréquentation des criminels endurcis qui crée l'école du crime.

5

La prison, une caricature de la société

■ Comment vit-on *en prison ? Il existe, presque partout dans le monde, une sorte d'omertà sur les conditions de la vie carcérale, dont les opinions ne se préoccupent guère. Il faut des événements spectaculaires, comme des mutineries, des grèves de la faim ou l'incarcération de personnes célèbres, pour que le monde de la prison se rappelle de temps à autre aux gens « normaux ». Épreuve quotidienne pour tous les détenus, la prison l'est davantage pour les plus vulnérables d'entre eux, dépourvus des moyens de se défendre dans cet univers clos, à l'abri des regards extérieurs et dominé par la violence et la misère, y compris dans les pays riches et démocratiques.*

PRI n'est pas une organisation de surveillance des prisons, ni de dénonciation des conditions carcérales. Ses membres les visitent toutefois systématiquement pour se rendre compte de l'état des lieux, des besoins, et de ce qui gagnerait à être réformé. En général, ce sont des parlementaires ou des représentants d'organismes officiels qui sont mandatés pour faire état des conditions de détention dans un pays. Des organismes internationaux comme le Comité international de la Croix-Rouge (CICR) ou, pour l'Europe, le Comité pour la prévention de la torture (CPT), des rapporteurs spéciaux des Nations unies effectuent aussi ce travail. Ces personnalités ou ces institutions interviennent dans le cadre de règles strictes. Elles doivent, entre autres, pouvoir choisir la prison qu'elles veulent visiter, de manière à ce qu'un État ne puisse les diriger vers un établissement « modèle ». Elles doivent également pouvoir choisir les détenus qu'elles veulent interroger et exiger la confidentialité de l'entretien, qui doit se dérouler sans la présence d'un membre de l'administration. Si cette confidentialité n'est pas assurée, le

CICR – par exemple – refuse de visiter les prisons. Enfin, des enquêtes sont menées de façon presque clandestine dans les pays qui refusent ces règles du jeu. Les informations sont alors recueillies par les avocats et les familles, à l'insu de l'administration. Ce genre d'enquête est mené par des organisations comme Amnesty International, la FIDH ou d'autres associations de ce type.

Les riches et les autres

La prison est une caricature de la société, dans la mesure où elle reproduit cette dernière, mais dans des conditions tout à fait particulières. La prison, c'est une communauté régie par du pouvoir, de la domination, de la soumission, mais aussi des relations sociales positives. Ce qui rapproche le plus l'univers carcéral du monde réel, c'est le caractère massif de la misère, d'autant plus insupportable qu'elle souffre des exceptions. Nombre de prisons comprennent en effet un quartier des cols blancs. Les riches jouissent de conditions relativement favorisées, soit parce qu'ils payent, soit parce qu'ils ont un statut social élevé. Rarement condamnés à de longues peines, ils sont en général de passage. La prison reproduit donc la structure de classes de la société, avec ses modes de domination et ses privilèges. Et, comme c'est un vase clos, ces derniers prennent une dimension intolérable face à l'inhumanité de la misère carcérale.

Les différences entre les deux mondes sont toutefois légion. La plus notable d'entre elles, c'est que les prisons sont des univers unisexués, masculins ou féminins.

Les prisons latino-américaines qui abritent les puissants narcotrafiquants ont poussé à l'extrême les inégalités régissant l'univers carcéral. Un prince de la drogue comme feu le Colombien Pablo Escobar gérait ses affaires en prison comme il voulait. J'ai même vu des prisonniers fortunés faire des investissements dans la prison où ils logeaient pour pouvoir y mener correctement leurs activités et, accessoirement, améliorer le sort commun des détenus. Nombre d'entre eux acquièrent ainsi un statut de bienfaiteur. Au Yémen, un jeune prisonnier très riche qui avait tué son oncle pour des histoires d'héritage avait fait rénover des ailes entières de la prison où il était installé. Il avait aussi fait construire de petits appartements où les détenus pouvaient rencontrer leur famille dans l'intimité. Il était traité avec tous les égards, et pouvait circuler comme il voulait à l'intérieur du bâtiment. Il était évidemment adulé par les prisonniers. Les prisonniers riches ont en général des domestiques recrutés parmi les détenus pauvres. Ils achètent les services de ces derniers qui font à leur place les corvées auxquelles tous les détenus sont, en principe, assignés. Voilà, encore, une reproduction des rapports économiques dominants dans toutes les sociétés.

Les condamnés influents bénéficient en fait de toutes sortes de traitements d'exception. Au Maroc, en 1999, une affaire avait défrayé la chronique : alors qu'un notable connu était supposé purger une peine de prison, la police l'arrête un soir dans sa voiture pour une infraction. En fait, il sortait de prison et y rentrait à sa guise. Au début des années soixante-dix, quand l'ex-ministre tunisien Ahmed Ben Salah était en prison, tout le monde savait qu'il en sortait régulièrement. Être riche ou notable permet donc de vivre des conditions de détention moins pénibles que quand on est pauvre.

Mais ces cas ne doivent pas faire oublier que la prison est avant tout un enfer, un lieu où on ne peut pas échapper à l'enfermement, aux gardiens, à la promiscuité. Une telle situation a pour effet de décupler la haine que chaque prisonnier éprouve pour l'autre et parfois pour lui-même. Les misères morales, affectives, intellectuelles s'ajoutent ainsi aux misères physiques. La misère sexuelle est vécue comme l'une des pires. Dans les prisons tunisiennes, que je connais bien pour y avoir longtemps séjourné, ceux qui en ont les moyens et sont arrivés à se faire bien voir de l'administration possèdent ce qu'ils appellent leur « cheval », c'est-à-dire leur mignon. Il y a parfois des bagarres et même des crimes entre chefs pour la possession d'un de ces jeunes détenus.

La peur, l'ordre et la violence

Les cellules individuelles sont très rares en prison. Quand elles existent, ce sont des cachots qui servent à punir. La vie s'organise donc autour des chambrées, en général surpeuplées. Dans de nombreux pays du Sud, de plus en plus de prisonniers dorment par terre ou dans des lits superposés. Il existe même des prisons, à Moscou ou en Jordanie entre autres, où ils dorment à tour de rôle. Conséquence de la politique du tout carcéral, le volume d'espace et d'air dévolu à chaque prisonnier s'est considérablement réduit au cours des dernières années, ce qui augmente la fréquence des crises, autant que les problèmes d'hygiène et de santé.

Le plus souvent, un ensemble de chambrées donne sur une cour commune où les prisonniers sortent à heures fixes. Le temps minimum de sortie exigé par les normes internationales est d'une heure par jour. Sauf exception, ce minimum est respecté. Il y a même des prisons dans lesquelles les portes des cellules sont ouvertes toute la journée. Quand la cellule est surpeuplée, cela réduit la dureté du quotidien car c'est la seule façon de pouvoir supporter la promiscuité. Sinon, chaque chambrée sort à tour de rôle dans la cour.

L'administration désigne le caporal de la chambrée, en général choisi pour sa force physique et parce qu'il inspire la crainte. Il possède souvent son garde du corps et ses exécutants, qui s'emploient à faire respecter ses ordres. C'est un caïd. Cette organisation, on l'a dit, est encouragée par l'administration pénitentiaire. La gestion de la prison est en effet fondée sur la crainte. La tenue des gardiens, leur arme et leur bâton sont, eux aussi, faits pour l'inspirer. Dans quelques rares pays, comme la Grande-Bretagne, les gardiens de prison ne sont pas armés. Car l'ordre doit régner en prison. Il est, en dernier ressort, le seul critère de la bonne gestion. La seule chose qu'on attend vraiment d'un prisonnier, c'est sa soumission. C'est pourquoi toutes les relations à l'intérieur de la prison sont fondées sur le rapport de forces, sur la relation dominant-dominé. Leur force, les gardiens doivent la montrer régulièrement, ce qui explique la pratique des tabassages à la première incartade, et les humiliations.

Aux hiérarchies économiques et sociales s'ajoutent donc des hiérarchies de pouvoir, le plus souvent érigées en systèmes établis avec la connivence de l'administration ou carrément sous sa houlette. Ce système a pour bases la peur et non le respect, le rapport de forces et non le droit, l'ordre et non la règle. Il repose sur la domination mais aussi sur la gestion des besoins. Dans nombre de pays pauvres, la dépense quotidienne de l'État par prisonnier n'excède pas 4 centimes d'euro. Il existe des prisons où les détenus n'ont pour toute nourriture qu'un bol de céréale, riz ou mil, distribuée dans des brouettes une seule fois par jour. C'était le cas en 1997 au Burkina-Faso. Dans d'autres prisons, on fournit le déjeuner et le dîner en même temps. D'autres pays essayent de distribuer trois repas par jour, même modestes.

Les situations sont donc contrastées mais, dans de nombreux pays, les prisonniers souffrent de la faim et sont prêts à tout pour un supplément de nourriture. Les détenus les moins démunis reçoivent en revanche de la nourriture, des vêtements, des cigarettes, de l'argent de leur famille et se font servir en distribuant quelques miettes de leurs richesses. Les relations entre prisonniers sont donc également gérées en fonction du niveau de privations de chacun d'eux. Il ne faut pas oublier que la plupart des prisonniers viennent de milieux pauvres et, dès les premiers mois de détention passés, leurs proches – en général dépourvus de moyens – ne s'occupent plus d'eux. Les manques dont ils souffrent expliquent d'ailleurs qu'ils puissent se vendre physiquement pour satisfaire aux besoins les plus élémentaires de la survie. En prison, le sens de la dignité s'émousse et l'on est prêt à vendre son corps et à accepter l'inacceptable, au mépris du respect de soi-même.

La punition fait partie intégrante de ce système, même si ses techniques sont différentes selon les pays. Elle est un élément de la politique de maintien de l'ordre et n'a aucun rapport avec la réhabilitation qui devrait guider les traitements auxquels sont soumis les prisonniers.

C'est que toute la vie en prison est fondée sur la violence. Deux sortes de violence y coexistent et s'additionnent, rendant plus terrible la misère du détenu. La violence entre prisonniers est parfois plus dure que celle exercée par l'administration pénitentiaire, car elle s'exerce 24 heures sur 24, alors que les gardiens ne sont pas présents en permanence. Elle est intégrée à la domination et à la vie carcérale. Les formes de violence exercées par les caporaux et les caïds sont très diverses. Le tabassage est la plus commune d'entre elles, mais ils peuvent aussi obliger leur victime à dormir près des toilettes, dans les coins les plus chauds ou les plus froids. La violence sexuelle est également très fréquente, on l'a vu.

L'administration sévit, elle aussi. Elle tabasse, elle rase la tête des prisonniers récalcitrants, elle les met nus parfois. Il y a très peu de pays où l'on peut affirmer de façon certaine que la violence physique n'existe pas en prison. On peut aussi punir les prisonniers en les privant de certains de leurs droits, en interdisant les visites, le courrier, les colis, c'est-à-dire tous les contacts avec l'extérieur. Une autre forme de punition est l'isolement. Théoriquement réglementé, il est en fait pratiqué de façon illégale et totalement arbitraire. Des prisonniers peuvent être isolés pendant des années. Moi-même, j'ai été totalement isolé pendant un an et demi. Fréquent pour les politiques, il est également utilisé dans le cas des droits communs considérés, le plus souvent sans critères précis, comme violents et dangereux. Car la peur de la dangerosité conditionne la plupart des mesures arbitraires prises par les administrations pénitentiaires. J'ai connu un cas où, un prisonnier ayant profité de ses visites pour se faire apporter de la drogue, la réaction de l'administration n'a pas été de sévir uniquement contre cet individu, mais de soumettre l'ensemble des prisonniers à une punition collective en plaçant des grilles et des vitres entre eux et leurs visiteurs.

Voilà comment toutes les prisons deviennent des centres de haute sécurité, même quand elles n'ont pas besoin de l'être. Ces manquements aux règles existent partout, y compris dans les pays démocratiques. Rappelons le traitement inhumain réservé par l'Allemagne aux prisonniers de la fameuse

« bande à Baader » dans les années soixante-dix, qui les a conduits à la mort. Aux États-Unis, certains États comme l'Oklahoma enchaînent à nouveau les prisonniers.

Des mélanges à haut risque

La première aberration consiste à mettre ensemble des personnes en détention préventive – donc théoriquement considérées comme innocentes tant que leur culpabilité n'a pas été prouvée – avec des condamnés. Le second scandale consiste à mélanger les mineurs et les adultes. Dans certains pays, des enfants de moins de dix ans sont placés dans les mêmes cellules que des adultes. Or les normes internationales fixent à quatorze ans l'âge minimal auquel on peut être incarcéré. Plus vulnérables, plus influençables, ayant des besoins spécifiques différents de ceux des adultes, les délinquants n'ayant pas atteint la majorité pénale doivent théoriquement être placés dans des centres spécialisés.

En matière de délinquance juvénile, les textes internationaux précisent en outre que la détention doit être la sanction du dernier ressort. La meilleure gestion de cette délinquance est d'éviter aux jeunes la détention, car le pire est de laisser des apprentis criminels entre eux. Si on ne peut leur éviter la prison, les centres spécialisés dans lesquels on les place ne doivent pas être des lieux de rétention, mais de rééducation. Pour feindre de se conformer aux normes internationales sans rien changer dans les faits, de nombreux pays – de la Tunisie à la Palestine et à la Jordanie – appellent désormais leurs prisons pour jeunes « centres de réhabilitation ». Mais cette nouvelle étiquette ne change rien. Nombre d'États se jouent ainsi la comédie en essayant de se convaincre eux-mêmes qu'ils ont des politiques réformistes en matière de traitement de la délinquance.

Quand les jeunes sont mêlés aux adultes, le pire peut hélas arriver. D'abord parce qu'ils sont exploités par ces derniers. Ils doivent les servir dans tous les sens du terme, y compris comme objets sexuels. Du fait de cette promiscuité, les jeunes peuvent aussi apprendre à devenir des criminels. Étant donné leur jeune âge, ils sont moins préparés à résister aux exemples qui leur sont offerts et apprennent vite. La prison criminalise, parfois irrémédiablement, les jeunes délinquants. Les séparer, c'est donc non seulement les protéger mais protéger la société de l'extension de la criminalité.

Le cas des femmes est différent car, sauf exception, elles sont en général séparées des hommes. Le plus souvent, elles vivent dans la même prison, mais dans des pavillons distincts, ce qui peut aussi créer des situations inacceptables. Les règles à respecter pour que l'inacceptable ne se produise pas sont pourtant connues. Le personnel administratif, ou au moins les employés en contact direct avec les détenues, doit être entièrement féminin, afin d'éviter les risques d'abus de la part des mâles. Quand les femmes ont des pavillons réservés dans des prisons mixtes, le risque d'abus est en effet plus important que dans les prisons de femmes.

Le cas limite que j'ai pu observer est celui de la prison de Rilima, au Rwanda. Depuis août 1994, hommes, femmes et enfants y sont mêlés, et les chambrées de femmes sont situées au milieu des chambrées d'hommes. On peut imaginer ce qui s'y passe. J'y ai vu plusieurs femmes avec des bébés alors qu'elles étaient en prison depuis plusieurs années. Dans un autre pays, qu'il vaut mieux ne pas nommer par prudence, la directrice d'une prison de femmes a été accusée de connivence avec un gradé militaire à qui elle fournissait de la « chair fraîche ». Ailleurs, dans une capitale où la prison des femmes se trouve à l'intérieur d'une caserne, on m'a rapporté que les filles jeunes et jolies qui refusent de coucher avec les militaires gradés font l'objet de toutes sortes de sévices. Ce sont là, certes, des cas extrêmes, mais qui montrent les dangers de la promiscuité.

Par ailleurs, les filles mineures sont très rarement séparées des femmes. Les femmes condamnées étant peu nombreuses, il est en effet difficile de multiplier le nombre de leurs lieux de détention. Or, dans les prisons de femmes, les jeunes filles courent les mêmes risques d'être mises à l'école du crime et d'être exploitées, y compris sexuellement, que dans les prisons masculines.

Il y a également beaucoup de jeunes enfants en prison, maintenus près de leur mère. Sans donner un âge exact, la norme internationale permet que le nourrisson demeure avec sa mère détenue jusqu'à son sevrage, c'est-à-dire dix-huit mois à deux ans. Certains pays, comme le Liban, n'acceptent pas les bébés en prison. J'y ai connu le cas d'une femme entrée en prison deux semaines après son accouchement. On lui amenait son bébé deux fois par jour pour qu'elle l'allaite, mais pas plus de cinq minutes à chaque fois, et elle n'avait pas le droit de le garder auprès d'elle. Cette réglementation est inhumaine, car elle est préjudiciable à la mère comme à l'enfant. À l'inverse, d'autres pays autorisent l'enfant à rester avec sa mère jusqu'à l'âge de quatre à six ans. J'ai même vu, au Népal, un enfant de quatre ans vivre avec son père prisonnier car il n'avait pas de famille à l'extérieur pour le prendre en charge. La présence de très jeunes enfants crée, bien sûr, des besoins spécifiques. Dans la plupart des cas, l'État ne les prend pas en charge et ce sont parfois les ONG ou les associations caritatives qui pallient ses carences.

Cette présence des associations en milieu carcéral est fréquente dans tous les pays du monde, y compris les plus riches. Nulle part en effet l'État ne prend en charge la totalité des besoins du monde carcéral, même s'il lui arrive – comme dans les nations riches – de financer en partie l'action des ONG spécialisées. Une telle présence est d'ailleurs très positive car elle crée un lien supplémentaire entre le détenu et la société, outre ceux qu'il arrive à maintenir avec sa famille.

Femmes et jeunes mis à part, bien d'autres personnes vulnérables vivent en prison, à commencer par tous les individus dépendants de l'alcool ou de la drogue. La situation de ces derniers est en général beaucoup plus précaire que celle des détenus ordinaires. Ils sont parfois prêts à commettre des délits, et même des crimes, pour se procurer de la drogue. Ils sont donc disposés à servir d'hommes de main aux caïds et, bien sûr, à se vendre physiquement pour leur dose. Ils ont besoin d'une prise en charge spécifique dans des lieux de traitement spécialisés, surtout s'ils ont fait l'objet d'une condamnation à la suite d'un délit motivé par leur dépendance. Les auteurs de vols commis pour se procurer de la drogue doivent être aidés plus que punis. Ce n'est pas facile, la récidive est très fréquente, mais la société doit les aider à se libérer de leur dépendance. Là aussi, les associations sont très présentes à côté, et surtout à la place de l'État.

Enfin, les prisonniers politiques constituent une population carcérale à part. En quelques années, leur nombre a beaucoup diminué dans le monde. Mais ils vivent toujours en prison des situations paradoxales car ils sont à la fois craints et maltraités. Si des discriminations spécifiques s'exercent contre eux, ils arrivent à imposer certaines de leurs revendications du fait du soutien international dont ils bénéficient et de l'aura qui les entoure souvent. Contrairement aux droits communs, leur condition carcérale peut évoluer en fonction des rapports de forces politiques et du degré de popularité dont ils jouissent sur le plan international. Il est rare en effet que la solidarité extérieure se manifeste en faveur des droits communs. Ce sont les politiques, et plus généralement les prisonniers d'opinion, qui en bénéficient. La solidarité à leur égard a d'ailleurs dépassé le seul cadre des organisations de défense des droits humains, puisque les Nations unies ont fini par adopter une charte pour la défense des défenseurs des droits humains et ont mis en place des mécanismes de protection de leur sort.

Un milieu pathogène

Les malades, nombreux en prison, font aussi partie des catégories vulnérables. En général, il y a au moins un infirmier par prison, très souvent d'ailleurs un détenu qui exerçait ce métier avant sa détention. Les prisons correctement gérées comportent une infirmerie pourvue en médicaments, et les détenus peuvent y consulter un médecin. Dans les pays les plus pauvres, ces infrastructures sont toutefois inexistantes. Non seulement les prisons n'ont pas de personnel médical, mais elles n'ont même pas de médicaments. Comme toujours, les familles qui en ont les moyens en achètent pour les leurs, ce qui pose le problème de l'égalité de l'accès aux soins. Théoriquement, quand l'État prive une personne de sa liberté, il a le devoir de lui garantir une sécurité sanitaire minimale. Ce n'est en général pas le cas, alors qu'on devrait décupler la vigilance en prison, dans la mesure où la détention rend plus vulnérable à la maladie du fait de la surpopulation, de la promiscuité, du manque d'air.

La prison est un milieu pathogène. C'est d'autant plus vrai dans les pays pauvres que les règles minimales d'hygiène ne sont pas respectées : les eaux usées vont n'importe où, les latrines débordent et dégagent des odeurs pestilentielles, etc. Ces situations n'ont rien d'exceptionnel, elles sont hélas très courantes. La propagation des maladies contagieuses est l'un des drames de la prison. La tuberculose et le sida y sévissent à l'état endémique dans de nombreux pays. En Russie et dans les anciens pays de l'Est, la tuberculose affecte des dizaines de milliers de prisonniers. PRI intervient en Russie et au Kazakhstan pour la circonscrire, en association avec une ONG néerlandaise de traitement de cette maladie. D'autres ONG comme Médecins sans frontières, Médecins du monde, le CICR, sont très présentes dans ce domaine. L'OMS intervient aussi. C'est que la propagation de ces maladies en milieu carcéral est effrayante. En Ouganda, et ailleurs en Afrique, des pavillons entiers sont uniquement peuplés de prisonniers atteints du sida.

Pour essayer de réduire les facteurs pathogènes de la prison, PRI a mené une expérience intéressante de traitement des excréments dans une prison rwandaise, où elle a aidé à créer une unité de production de biogaz et d'engrais. C'est une réussite : l'eau a cessé d'être polluée, l'environnement immédiat de la prison s'est purifié, sans compter l'utilité de la production d'énergie et de fertilisants. Ce programme a été financé par la Grande-Bretagne et les Pays-Bas, et PRI a réalisé une étude sur cette expérience qui mérite d'être généralisée.

Mais le danger de contagion n'est pas limité à la prison. Quand les prisonniers sont libérés, ils peuvent contaminer leur entourage d'autant plus facilement qu'ils sont des délinquants chez qui le sens moral n'est pas vraiment développé. Dans le cas du sida, ils ne font pas d'efforts pour protéger les autres. C'est aussi pour cela qu'il faut absolument considérer la question de la santé en prison comme une dimension de la santé publique et la confier partout aux départements ministériels concernés.

Le détenu et le monde

Le maintien d'un contact étroit entre le prisonnier et son milieu d'origine devrait être une règle de la bonne gestion de la détention et de la prévention du crime. C'est à cette condition que le détenu peut garder son humanité. Il peut ainsi demeurer responsable vis-à-vis des autres, en particulier ses enfants, et conserver le sentiment d'appartenir à une collectivité autre que celle que lui impose sa détention. Cela lui permet aussi de ne pas perdre espoir. Les condamnés doivent donc être détenus dans des prisons les plus proches possible de leur domicile. Telle est la base de toute politique de réinsertion car, en gardant le contact avec l'extérieur, le prisonnier ne peut oublier le sens des règles de la vie sociale. La vie en prison doit en fait s'éloigner le moins possible de la vie normale. Mais le plus souvent, hélas, ce principe est oublié par l'administration.

Pour un rien, elle coupe la correspondance, empêche les visites ou prive le prisonnier de l'accès à l'information, même si de telles punitions sont illégales au regard des normes internationales. En renforçant le caractère coercitif de la prison, l'administration oublie que le temps de l'emprisonnement doit aussi être utilisé pour aider les détenus à réapprendre à se prendre en charge. Outre leur caractère illégal, ces punitions sont donc contraires à toute logique, dans la mesure où elles rendent les prisonniers plus agressifs.

Là encore, les inégalités sont criantes, non seulement entre les pays, mais à l'intérieur d'un même pays ou d'une même prison. Il ne faut pas confondre ces inégalités avec la nécessaire différenciation de traitement entre les catégories de prisonniers. Les prisonniers en fin de peine peuvent sortir dans certains cas, entre autres pour chercher un emploi avec l'aide de travailleurs sociaux. Malheureusement, dans les pays du Sud surtout, cette différenciation est plus souvent un effet de la corruption que d'une bonne politique de réhabilitation. Souvent, à cause de l'obsession sécuritaire qui caractérise les administrations pénitentiaires, les prisonniers sont physiquement séparés de leurs visiteurs et n'ont pas le droit de les toucher. Dans certains pays en revanche, au Maroc, au Yémen, en France ou en Italie par exemple, les visites conjugales sont permises et les conjoints sont laissés seuls de quelques heures à un week-end. Ce droit à une intimité sexuelle est d'autant plus précieux qu'il contribue à réduire considérablement la violence sexuelle, et la violence en général, en prison.

Une autre façon de maintenir leur lien avec le monde extérieur est de faciliter l'exercice de loisirs par les détenus. Dans ce domaine, les choses se sont beaucoup améliorées depuis quelques années, et des efforts ont été faits pour ouvrir la prison aux loisirs. Dans de nombreux pays, les prisonniers peuvent avoir des activités culturelles, participer à des groupes de théâtre, de musique, d'art, de dessin, de peinture, de céramique, d'artisanat. Le phénomène n'est plus exceptionnel et tend heureusement à se répandre dans les pays du Sud. Il existe ainsi, au Sénégal, des détenus peintres autorisés à présenter des expositions annuelles. Ce pays a également créé une foire annuelle d'objets d'artisanat produits dans les prisons. La Tunisie organise aussi chaque année une exposition d'objets artistiques produits par des prisonniers. En Palestine, l'éducation est fortement encouragée en prison, et certains détenus y ont rattrapé leur cursus scolaire en passant brillamment leurs examens. D'autres pays, hélas, essayent d'empêcher les détenus politiques de poursuivre leurs études, et ne reviennent en général sur cette aberration qu'au prix de luttes acharnées des prisonniers.

Quand les autorités n'encouragent pas cette ouverture, elles laissent le plus souvent faire. Le sport, élément important de la santé et de l'équilibre physique et mental des détenus, est également encouragé. Il peut même servir de traitement curatif contre les tendances dépressives et morbides de nombreux prisonniers. L'apprentissage s'est lui aussi développé, beaucoup de pays ayant compris qu'en encourageant la formation professionnelle ils travaillent à la réinsertion sociale des détenus. Tout est bon, en réalité, pour éviter aux prisonniers une inoccupation préjudiciable à leur équilibre physique et mental et qui les rend plus vulnérables à la contagion du crime.

Pour tempérer ce tableau, il faut tout de même préciser que ce genre d'activités ne touche qu'une infime minorité de détenus dans le monde. 3 000 à 4 000 seulement des 125 000 prisonniers que compte le Rwanda sont par exemple occupés. En Jordanie, ce genre d'occupation ne concerne que 10 % d'une population carcérale de près de 7 000 personnes. Le phénomène se développe donc, mais reste très limité. Ses perspectives d'expansion le sont aussi, entre autres pour des raisons matérielles et financières.

Travailler en prison

Selon les normes internationales, le travail forcé des prisonniers est désormais illégal. Dans de nombreux cas cependant, ils ne peuvent pas refuser de travailler, mais sont rémunérés pour cela. Les prévenus, eux, ne sont pas contraints de travailler mais ils le peuvent, s'ils le désirent. En fait, la question n'est pas de savoir s'ils veulent travailler, mais s'ils en ont la possibilité, c'est-à-dire si la prison peut leur fournir un emploi. Le nombre de détenus qui travaillent dans le monde est en réalité dérisoire. Faut-il accroître cette possibilité ? Il s'agit là d'une question difficile et controversée, dans la mesure où le travail peut être un outil de réinsertion dans la société, mais où, aussi, les prisonniers sont trop souvent considérés comme une main-d'œuvre taillable et corvéable à merci.

Le travail peut être effectué pour l'administration de la prison ou pour une instance extérieure. Des prisonniers peuvent ainsi être employés par les pouvoirs publics à la construction ou à la réparation d'un bâtiment. Ils peuvent travailler dans des hôpitaux ou des écoles ou sont affectés au nettoyage urbain. L'administration peut également les « prêter » à des entreprises privées. Cela peut prendre la forme d'un contrat passé avec un entrepreneur qui installe un atelier à l'intérieur de la prison, fournit la matière première et vient récupérer le produit fini contre paiement d'une somme convenue. En général, l'administration en rétrocède une partie aux prisonniers sous une forme ou une autre. Le Bureau international du travail s'est attaché à réglementer la rémunération des prisonniers, afin qu'elle ne donne pas lieu à trop d'abus. Le salaire des prisonniers doit théoriquement être équitable. D'autres entreprises peuvent avoir besoin de cette main-d'œuvre dans leurs propres installations, et se chargent alors de déplacer les prisonniers jusqu'au lieu de travail et de les ramener. Une partie de la population carcérale peut donc être intégrée au système productif.

Les conflits les plus fréquents en matière de travail ont lieu sur le salaire, que les prisonniers travaillent pour les pouvoirs publics ou pour le privé. Dans de nombreux cas, en effet, ils ne touchent pas d'argent et sont « payés » en nature. Ils reçoivent alors des repas supplémentaires, ou des biens manufacturés qu'ils fabriquent quand ce sont des produits de consommation comme les vêtements. Il arrive aussi que le seul fait de travailler soit perçu comme un privilège. Un détenu est souvent heureux de pouvoir quitter quelques heures par jour sa cellule surpeuplée. Certains payent même les organisateurs des équipes de travail pour être embauchés. Le travail, en prison, est une denrée très convoitée. Dans les cas où les détenus reçoivent un salaire, ce dernier est le plus souvent symbolique et ne correspond pas aux normes sociales en vigueur. En Jordanie, ils sont payés autour d'un demi-dollar par jour. Dans la majorité des pays, ils touchent de dix à quinze dollars par mois. Le travail carcéral est donc rentable pour les administrations pénitentiaires et les pouvoirs publics.

Le BIT tente de remédier à ces injustices en déclarant hors la loi les produits provenant des prisons de certains pays où la situation est particulièrement scandaleuse, comme la Chine. Ce pays a en effet conservé la tradition des États totalitaires où, de l'URSS stalinienne à l'Allemagne nazie, le travail forcé des prisonniers était un élément essentiel de la chaîne de production. La forme moderne de l'esclavage, si communément pratiqué dans l'Antiquité pour les grands travaux d'infrastructure, c'est le travail forcé des prisonniers. Il n'est pas sûr, cela dit, que le boycottage des produits fabriqués en prison soit efficace. Mais il peut servir d'outil aux défenseurs des droits humains qui lui accordent beaucoup d'importance et en font une question de principe.

Une des formes les plus courantes du travail carcéral est l'utilisation des prisonniers par les personnels de l'administration pénitentiaire pour des usages privés. Il est courant que les directeurs de prison ou leurs collaborateurs fassent construire leur propre maison par la main-d'œuvre carcérale gratuite. Dans beaucoup de pays en développement, les gardiens font travailler leur lopin de terre par des détenus. En Ouganda, les alentours d'une prison située non loin de Kampala sont cultivés au profit des gardiens par les prisonniers. Dans ce cas aussi, ces derniers se considèrent comme des privilégiés : ils peuvent sortir, avoir des contacts avec les familles des gardiens, et tirer parfois un petit bénéfice de leur travail.

Dans ce secteur comme dans les autres, les prisonniers cherchent avant tout à échapper, au moins en partie, à une condition qu'ils jugent insupportable.

6

Les prisonniers ont-ils des droits ?

■ P ARTOUT DANS LE MONDE, *la perception et le respect des droits des prisonniers évoluent trop lentement, malgré la définition de plus en plus précise de normes internationales à peu près acceptées par la majorité des États de la planète. Il est encore difficile aujourd'hui de concevoir que délinquants et criminels puissent avoir des droits. C'est pourtant au respect de ces derniers qu'on peut, aussi, mesurer le degré de civilisation d'une société. Et, à cette aune, les pays les plus civilisés ne sont pas forcément ceux auxquels on pense.*

Il y a les pires, ceux où un système totalitaire a réussi à rendre totale l'opacité du système carcéral. Ces régimes qui cultivent le secret – de la Corée du Nord à Cuba, l'Irak, la Syrie, l'Arabie saoudite ou la Chine –, où la condition des prisonniers est souvent plus proche de l'enfer que de l'humanité, privilégient deux types de lieux de détention : les prisons clandestines censées ne pas exister officiellement et le système des camps, comme en Chine. Il n'est pas facile, on s'en doute, d'être informé de ce qui s'y passe et, encore moins, d'y intervenir.

Il y a aussi les pays où le droit est bafoué, non pas tant du fait d'une volonté délibérée des gouvernants, mais à cause d'une situation d'exception. C'est le cas, aujourd'hui, du Rwanda, étrange pays des « mille prisons », qui vaut qu'on s'y arrête. ■

La lente construction du droit

La prison est certes faite, avant tout, pour protéger la société. Mais le législateur et l'administration ont le devoir de garantir les droits de tous, y compris des personnes qui ont

95

enfreint la loi et ont été enfermées pour cela. Le premier droit consiste à pouvoir conserver son intégrité physique et morale, c'est-à-dire ne pas être torturé, humilié ou violé. Il n'est pas négociable. D'après les normes internationales, le seul droit dont les prisonniers sont privés est la liberté. Par conséquent, ils peuvent théoriquement jouir de tous les autres. Ils doivent vivre dans des conditions décentes qui préservent leur dignité, être nourris, habillés et logés normalement. Ils ont également droit à la santé, à l'information, à l'éducation, et au travail quand c'est possible.

Les textes normatifs internationaux qui précisent les droits des détenus, dont certains sont imprescriptibles, doivent être traduits dans les lois nationales et se concrétiser dans la pratique. Le problème, c'est qu'aucune société n'accepte que les conditions de détention soient meilleures que les conditions de vie des couches les plus pauvres. L'opinion, où qu'on soit, n'a pas intégré la nécessité de respecter les droits des prisonniers. Ils ne s'imposent nulle part comme une évidence, même dans les couches sociales éduquées.

Le plus souvent, l'opinion ne parvient pas à comprendre que les droits des prisonniers ne sont pas des privilèges. Dans les pays où ils sont tout de même octroyés, cette indifférence permet à l'administration de les écorner, ce qu'elle n'a en général de cesse de faire. Les avancées ne sont jamais irréversibles, jamais acquises une fois pour toutes. Un changement de régime dans un pays, un simple changement de directeur d'administration pénitentiaire, peuvent les remettre en cause. L'amélioration de la condition carcérale demeure donc d'actualité, d'autant qu'elle est désormais rendue obligatoire par la norme internationale.

La base éthique de cette norme, on l'a vu, a été posée par la Charte des Nations unies et la Déclaration universelle des droits de l'homme, qui établissent les principes du respect de la dignité humaine. À ces textes fondateurs, s'ajoutent les quatre conventions de Genève de 1954 définissant le droit humanitaire. Ce travail préliminaire a ouvert la voie à une définition des normes en matière de détention, c'est-à-dire de ce qui doit fonder le droit que s'arroge un État de priver quelqu'un de sa liberté. Comme tous les droits, ce dernier comporte en contrepartie des devoirs, dont celui de s'assurer que la détention a lieu dans le cadre du respect des règles humanitaires, c'est-à-dire de l'intégrité physique et morale de l'individu.

Le texte normatif le plus précis en la matière est, on l'a vu, l'*Ensemble des règles minimales pour le traitement des prisonniers*, publié en 1955 par les Nations unies. Au fil des ans, d'autres textes sont venus compléter ces règles. Le Pacte des Nations unies sur les droits civils et politiques, promulgué en 1966, a représenté une nouvelle avancée du droit. Ensuite, dans les années soixante-dix et quatre-vingt, les Nations unies ont mis au point les normes internationales concernant la détention des mineurs, et ont élaboré des codes d'éthique pour les professions de la justice, magistrats, juges, avocats, etc. Cette évolution du droit a connu un moment fort en 1990 avec l'adoption d'un texte fondamental par l'Assemblée générale des Nations unies, encourageant ses États membres à recourir à des sanctions non privatives de liberté [1]. La plupart de ces textes n'ont pas la valeur d'une convention et ne sont donc pas contraignants. Mais ils ont acquis une importante valeur normative du fait qu'ils ont été adoptés par consensus de l'Assemblée générale et que la plupart des États de la planète leur reconnaissent cette valeur. La base juridique du droit carcéral est donc là, elle n'a pas à être réinventée [2].

Cette évolution continue de nos jours, à travers la construction d'une législation internationale sur certaines formes modernes de crime comme le crime transnational organisé, le trafic des êtres humains, la lutte contre la drogue et le terrorisme, les crimes sur Internet. Le projet le plus avancé porte sur le crime transnational organisé. Tout cela s'accompagne

---

1. *Les Règles minima des Nations unies pour les sanctions non privatives de liberté*, *op. cit.*

2. En 1994, PRI a publié un document intitulé *Pratiques de la prison, du bon usage des règles pénitentiaires internationales*, qui décrit et analyse les normes édictées par les Nations unies depuis les années cinquante en matière de condamnation et de détention, et donne des éclairages sur les règles que le législateur international a voulu instituer.

aussi de réflexions sur le sens de la détention et de la peine, sur la nécessité d'une protection de la société qui tienne mieux compte du respect de la personne.

Bons et mauvais élèves

Aucun pays du monde n'échappe à la critique en matière de traitement des prisonniers. Même les plus respectueux des droits de la personne ont été épinglés à un moment ou à un autre. Le Comité européen pour l'abolition de la torture et des traitements inhumains et dégradants, qui est – avec la Cour européenne des droits de l'homme – l'organe de mise en œuvre de la Charte européenne des droits de l'homme, a cloué ces dernières années plus d'un État de l'Union au pilori. Même les Scandinaves, réputés pour être les plus respectueux du droit carcéral, ont fait l'objet de critiques de la part du Comité. D'autres, dont la France, ont été condamnés pour torture par la Cour européenne. Dans les pays démocratiques, ce sont en général les ressortissants des minorités qui font l'objet des traitements les plus dégradants.

Ces réserves posées, les États de vieille tradition démocratique sont évidemment les moins irrespectueux des droits des prisonniers, et les États scandinaves se classent incontestablement au premier rang en matière de respect de la personne. Au Danemark, le syndicat des gardiens de prison a longtemps imposé qu'on interdise de surpeupler les centres de détention ou d'en construire de nouveaux. On a donc institué, dans les années quatre-vingt-dix, des listes d'attente pour les prisonniers qui accomplissaient leur peine en fonction des places qui se libéraient. Depuis, le pays a construit de nouvelles prisons, rentrant ainsi dans la norme.

Surpopulation mise à part, un critère important du traitement des détenus est le ratio des intervenants – toutes catégories confondues – dans les lieux de détention, par rapport au nombre de prisonniers. Au début des années quatre-vingt-dix, les Pays-Bas avaient le ratio le plus important du globe, avec un employé et demi par prisonnier. Ce n'est pas un luxe, contrairement à ce que croit la majorité, mais une preuve de bonne gestion. Là encore, les meilleurs ratios sont enregistrés en Europe du Nord. Les avancées très significatives qui ont eu lieu dans ces pays au cours des dernières années ont contribué à légitimer la norme édictée par les Nations unies et à lui donner une réalité. Dans le domaine carcéral comme dans d'autres, on parle de plus en plus, et à juste titre, de « bonnes pratiques » qui ne doivent pas demeurer l'exception, mais servir d'exemple et être généralisées.

Ces bonnes pratiques existent un peu partout, même si elles restent limitées. En France, il existe quelques prisons modèles, dont un établissement ouvert à Bastia, dont les détenus peuvent aller librement travailler à l'extérieur. En Inde, il existe depuis plus de cinquante ans dans l'État d'Andra Pradesh une prison ouverte pour les condamnés à perpétuité. C'est une sorte de village entouré de barrières, peuplé par des condamnés ayant déjà passé de longues années dans des prisons classiques. Ils y sont transférés à condition que leur famille accepte de venir vivre avec eux, et se prennent totalement en charge, allant travailler à l'extérieur du village et vivant en famille. Pour bénéficier de ce statut, ils doivent s'engager à respecter certaines règles, comme ne jamais passer la nuit hors du village. Dans d'autres cas, des détenus peuvent, après avoir purgé une partie de leur peine, être assignés à résidence chez eux. L'invention du bracelet électronique qui permet de les maintenir sous surveillance a facilité l'extension de cette solution. J'ai déjà parlé des prisons agricoles, comme celle qui existe en Zambie. Ailleurs, des associations peuvent s'occuper différemment des prisonniers. Au Liban, par exemple, l'une d'elles organise des camps de vacances et de travail au grand air pour les jeunes délinquants.

Ces bonnes pratiques, on le voit, ne se limitent pas aux vieilles nations démocratiques, et de nombreux pays du Sud les mettent également en œuvre. Elles ne concernent pas, par ailleurs, que les petits délinquants, et peuvent réussir avec des criminels endurcis. Ce qui caractérise ces expériences, c'est qu'elles s'inscrivent toutes dans une optique de réhabilitation des prisonniers, et non de vengeance de la société. Elles peuvent coexister dans un même pays avec des prisons classiques où les détenus sont traités beaucoup plus durement. Pour que ces prisons novatrices existent, il doit cependant y avoir en amont une volonté politique réelle d'humaniser le système. Le cadre général posé, la personnalité des responsables pénitentiaires peut aussi jouer un rôle et aller dans le sens de l'humanisation ou du durcissement.

C'est pourquoi, à condition que les règles minimales de confort soient respectées, ce ne sont pas forcément les prisons les plus modernes qui sont les plus humaines. La ville de Ngosi, au Burundi, abrite deux prisons pour hommes et une pour femmes. L'un des bâtiments pour hommes a été construit récemment dans les règles de l'art. C'est pourtant celui où la surpopulation est la plus grave et où les prisonniers sont les plus isolés. En 1996, une épidémie s'y est déclarée, qui a fait quelque 300 victimes. Dans l'autre, plutôt vétuste et privée de confort, les détenus se font leur cuisine et passent la plus grande partie de leur temps dans la cour commune.

À l'inverse, encore qu'il soit pratiquement impossible d'avoir des informations sur eux, les pays les plus durs en matière de condition carcérale sont ceux qui subissent les régimes dictatoriaux les plus brutaux, comme l'Irak ou la Corée du Nord. La pire des situations de non-droit est celle qui sévit dans les lieux de détention dont on ne connaît même pas l'existence, dans ces mouroirs dont les habitants sont soustraits aux regards du monde, et disparaissent en silence. À la fin des années quatre-vingt, on a commencé à parler plus qu'avant des prisons fantômes et à dénoncer leur existence, du Maroc au Soudan et de la Corée du Nord à la Chine. À partir de cette époque, les témoignages ont afflué, même s'il reste difficile d'obtenir des statistiques fiables puisque, par définition, ces lieux sont clandestins. Cela n'empêche pas le travail essentiel d'enquête et de dénonciation de se poursuivre, même si l'on sait qu'il restera incomplet, car ces régimes sont passés maîtres dans l'art de cacher leurs forfaits.

Parmi les pays démocratiques, les États-Unis font figure d'exception en matière de traitement des détenus. D'abord, on l'a dit, la population carcérale s'y recrute essentiellement parmi les minorités ethniques et raciales. Les Noirs, qui ne représentent que 12 % de la population totale, constituent plus de la moitié des détenus. On estime que six à sept jeunes Noirs américains mâles sur dix ont affaire à un moment ou à un autre à la police. La bonne conscience de la population dominante blanche n'en est pas atteinte pour autant. Elle a le sentiment, envers et contre tout, d'être dans son droit en réprimant les minorités avec une telle brutalité.

Les États-Unis ne sont guère un modèle en matière de droits humains : ils n'ont ratifié presque aucune des conventions internationales élaborées pour les protéger. Peu de critiques venant de l'extérieur semblent avoir de l'influence sur leur comportement. Dans les ONG, nous nous demandons souvent s'il faut essayer de leur faire honte pour leur pratique de la peine de mort, leur fuite en avant vers le tout carcéral, ou les conditions de détention qui sévissent dans leurs prisons. Nous avons l'impression de nous battre contre des certitudes inébranlables. La conviction des Américains d'avoir toujours raison a quelque chose d'inhumain.

D'autres pays démocratiques, comme le Japon, sont tout aussi critiquables en matière de traitement de leurs prisonniers. La dureté des conditions de détention au Japon peut en partie s'expliquer par des différences de culture et de pratiques sociétales, comme l'interdiction faite aux prisonniers de se parler ou de regarder les surveillants. L'histoire nous a laissé le témoignage de la brutalité du comportement japonais dans les pays conquis et occupés dans la première moitié du XXᵉ siècle. Jusqu'à présent, les groupes sociaux marginaux ou en rupture de ban sont systématiquement discriminés.

Le cas unique du Rwanda

Plusieurs dizaines de milliers de prisonniers, accusés d'avoir pris part au génocide de 1994, croupissent dans les prisons rwandaises. Le cas rwandais est unique au monde du fait de la nature de l'accusation, du nombre de détenus par rapport à la population – ce pays détient le ratio le plus élevé du monde – et à la capacité d'hébergement du système pénitentiaire, et de la destruction quasi totale de l'appareil judiciaire suite au génocide et à la guerre qui a suivi. Quatre ans après le génocide, on comptait encore 130 000 prisonniers. On en a libéré, certes, mais en petit nombre, et on en arrête d'autres. En 2002, la situation carcérale du Rwanda est pratiquement identique à ce qu'elle était à la fin de 1994 et elle s'est désormais inscrite dans la durée.

Désireuses de trouver une solution à ce casse-tête, les autorités ont envoyé la directrice de l'administration pénitentiaire de l'époque représenter le Rwanda au séminaire panafricain de Kampala sur les conditions de détention en Afrique, organisé par PRI en septembre 1996. Le premier contact direct entre PRI et l'État rwandais n'a toutefois eu lieu qu'en avril 1997, la Commission européenne nous ayant demandé d'envoyer sur place une mission afin d'étudier la possibilité d'apporter un soutien à l'administration pénitentiaire et à la gestion de la détention dans ce pays. Cette mission a permis à PRI de constater l'existence d'une réelle volonté politique chez les autorités rwandaises, ce qui l'a décidé à intervenir, d'autant que l'Union européenne, bientôt rejointe par les Britanniques, les Néerlandais, les Suisses et les Suédois, lui a donné des moyens pour le faire.

Cette mission m'a fait découvrir une étrange situation carcérale. Il existe au Rwanda dix-neuf centres de détention officiels, plus une multitude d'autres, qualifiés de « cachots ». Ces dix-neuf centres, répartis dans tout le pays, fonctionnent comme des prisons centrales. Placés sous la surveillance de militaires démobilisés, ils sont supervisés par la Sécurité militaire, si bien que l'administration pénitentiaire n'y a pas eu automatiquement accès, au moins dans les premières années. Les autres lieux de détention, installés dans l'urgence dans des bâtiments de fortune, sont totalement dépourvus d'infrastructures adéquates. Ils étaient prévus au départ pour être provisoires, mais se sont transformés au fil des ans en prisons permanentes. Or, abritant chacun des milliers de personnes – la moitié de la population carcérale y est installée –, ils sont devenus des dépotoirs et une véritable catastrophe pour l'environnement. À cause des tonnes de déchets exposés à ciel ouvert, une odeur pestilentielle s'en dégage jusqu'à des kilomètres à la ronde. En outre, le personnel pénitentiaire, composé en majorité de militaires démobilisés, ne connaissait à peu près rien des tâches qui lui étaient dévolues et était totalement incompétent.

Aucune prison ne disposait de personnel qualifié, et celui qui était disponible était incroyablement insuffisant : trois cents gardiens à peine étaient affectés à la surveillance de plus de cent mille détenus ! La prison de Nsinda, par exemple, qui compte à elle seule douze mille occupants, n'est surveillée et gérée que par quarante personnes, du directeur au planton ! Pour rendre leur quotidien moins insupportable, les prisonniers s'étaient mis de leur propre initiative à l'agriculture, cultivaient des champs jusqu'à quarante kilomètres autour de la prison et vendaient leur production sur les marchés du coin. Avec le produit de leurs ventes, ils avaient acheté un camion. L'organisation de la prison relevait d'une véritable autogestion et, malgré l'insuffisance des gardiens, très peu d'évasions ont été enregistrées. La plupart des détenus n'étaient donc pas des individus qu'il fallait à tout prix enfermer.

L'administration pénitentiaire était, pour sa part, squelettique : sa directrice avait en tout et pour tout trois collaborateurs. Ses moyens sont restés depuis dramatiquement réduits. À l'époque où j'y étais, elle ne distribuait aucune nourriture aux détenus. Ceux des prisons officielles étaient totalement pris en charge par le CICR. En 2001 encore, ce dernier fournissait la moitié de la nourriture des dix-neuf prisons centrales, les autres prisonniers étant entièrement nourris par leurs familles. Le CICR avait en effet refusé, à l'époque, de les prendre en charge pour ne pas encourager leur maintien dans ces locaux.

La situation s'est légèrement améliorée depuis la période de ma première mission, mais elle est encore loin d'être réglée. Les choses bougent cependant, malgré le fait qu'en 1999 les prisons sont passées sous la tutelle du ministère de l'Intérieur, alors qu'elles relevaient auparavant du département de la Justice. Le système judiciaire a commencé à se reconstruire avec l'aide internationale, la profession d'avocat également. En 1995, il ne restait au Rwanda que vingt-cinq avocats, dont un seul était hutu, et c'est l'association Avocats sans frontières qui a pris en charge une partie de la défense des accusés et des victimes. Il y a aujourd'hui plus d'une soixantaine d'avocats rwandais.

Mais, pour l'instant, 2 500 prévenus seulement ont été jugés, une goutte d'eau dans l'océan des prisonniers ! Cette lenteur est le problème le plus grave que la justice rwandaise ait à affronter. En attendant, des centaines de détenus meurent chaque année en prison du fait des conditions de vie déplorables, marquées en particulier par la faim et les maladies contagieuses. De source officielle, les prisons rwandaises enregistrent des nombres de décès stupéfiants chaque année. Or il y a peu d'espoir que le nombre des prisonniers diminue significativement à court terme.

La situation est d'autant plus préoccupante que, depuis 1994, le Rwanda n'a construit aucun nouvel établissement. Un seul a été reconstruit et d'autres ont été rénovés grâce à l'aide internationale, en particulier une prison de femmes qui était dans un état particulièrement lamentable. La construction d'un grand complexe carcéral destiné à recevoir les prisonniers jugés et condamnés à des peines de longue durée est en cours, sur financement néerlandais.

À partir de janvier 1998, PRI a commencé à intervenir concrètement pour améliorer la situation carcérale. Notre association a d'abord systématiquement formé le personnel pénitentiaire, des gardiens aux directeurs. Grâce à la mobilisation de contributions financières, nous avons permis à l'administration pénitentiaire de recruter du nouveau personnel spécialisé, formé par nos soins. Elle a pu ainsi doter toutes les prisons de greffiers et de comptables.

Nous avons ensuite encouragé le développement d'activités productives dans les prisons. Dans plusieurs d'entre elles, cela avait commencé avant notre arrivée, à l'initiative des prisonniers eux-mêmes, désireux d'utiliser leurs compétences et d'améliorer leur maigre ordinaire. C'est ainsi, on l'a vu, que des ingénieurs agronomes emprisonnés ont commencé à créer des champs et des élevages autour des centres de détention. Ailleurs, c'est la pisciculture qui a été privilégiée, grâce à l'existence d'étangs. Nous avons aussi aidé au développement de la production artisanale en milieu carcéral en y installant des ateliers de menuiserie, de couture, de réparation automobile, et en formant des prisonniers à ces métiers.

Notre premier objectif a donc été de professionnaliser l'administration et le personnel pénitentiaires et de promouvoir le développement d'activités productives. Actuellement, notre action entre dans une seconde phase, durant laquelle nous réduisons notre soutien aux micro-activités productrices pour investir sur des projets plus importants.

Depuis 2000, le gouvernement a également fait appel à nous pour mettre sur pied des solutions alternatives à l'emprisonnement. Il a en effet pris conscience que, si on laissait les choses aller à leur rythme, le passage en jugement de tous les prévenus prendrait plusieurs décennies. Il est donc en train de remettre à l'honneur des procédures judiciaires traditionnelles, appelées la *gaccaca*, qui permettront d'accélérer les jugements et de prononcer des peines alternatives à l'incarcération. Une loi a été votée dans ce sens, dont les décrets d'application ont été promulgués en août 2001. Elle précise entre autres que les personnes ayant fait des aveux bénéficieront de circonstances atténuantes et verront la moitié de leur peine de prison transformée en astreinte à un travail d'intérêt général. Pour la première fois dans l'Histoire, des personnes accusées de crime contre l'humanité vont être simplement condamnées à une peine de substitution. PRI a aidé à concevoir cette loi en organisant au Rwanda un séminaire avec des spécialistes venant de plusieurs pays et en participant à la rédaction du décret d'application sur le travail d'intérêt général.

Notre intervention au Rwanda a donc changé de nature, du fait de l'évolution des besoins et de la demande des autorités. Il faut espérer que le recours à cette forme modernisée de justice traditionnelle permettra de fermer les prisons de fortune, en libérant les prévenus dont la culpabilité n'a pu être établie et en transférant les condamnés dans des prisons normales.

Mettre en œuvre la *gaccaca*

La nouvelle loi rwandaise stipule que la justice traditionnelle doit être rendue par des tribunaux constitués de juges non professionnels, élus par la communauté mais aidés par des professionnels de la justice. Ces tribunaux siégeront à tous les niveaux de l'administration territoriale, de la commune à la préfecture. La loi prévoit la création de onze mille tribunaux, chacun d'eux étant constitué de dix-neuf juges. Ils entendront les accusés et les témoins qui s'exprimeront au cours de séances publiques, l'objectif de l'opération étant également de nature cathartique. Une telle catharsis exige la publicité et la transparence des débats, ce qui permettra aussi à la population d'accepter les sentences dans un pays où, quoi qu'on dise, le régime a une assise démographique minoritaire. 165 000 juges ont ainsi été élus. Le grand nombre des juges, plus élevé que celui des prisonniers, peut sembler incongru, mais cette importance est considérée comme un facteur de réconciliation nationale.

On ne sait pas encore comment cette procédure énorme et coûteuse va fonctionner concrètement. Mais aucun gouvernement rwandais ne pourrait se permettre de libérer des génocidaires sans les avoir jugés, au moins symboliquement. Une partie de la population ne l'accepterait pas et il y aurait certainement des vengeances sanglantes contre les prévenus à leur sortie de prison. Un régime issu d'une minorité – les Tutsis représentent 14 % de la population – ne peut se permettre de réinstaller l'instabilité que pourrait provoquer ce type de comportement, d'autant que la sécurité intérieure et aux frontières est loin d'avoir été totalement rétablie. Le rétablissement d'un minimum d'État de droit est donc indispensable, même si son coût est élevé.

En l'état actuel des évaluations, on estime que, grâce à ces nouveaux tribunaux, l'ensemble des prévenus pourrait être jugé en trois à cinq ans. Dans ce contexte, PRI continue d'apporter son soutien à l'administration pénitentiaire en se concentrant sur trois domaines : la poursuite du soutien financier au recrutement de personnel spécialisé, la mise sur pied d'un système de formation continue par la constitution d'équipes de formateurs, et l'aide à la mise en place d'une réglementation pénitentiaire pour le traitement des détenus.

Parallèlement, nous accompagnons la mise en place des tribunaux communaux par une équipe de chercheurs, comprenant un ethnologue, qui étudieront leur installation et leur fonctionnement à mesure qu'ils seront créés. Ces chercheurs auront pour tâche de signaler les problèmes rencontrés par ces tribunaux, d'en signaler aussi les aspects négatifs ou les dérapages, afin d'alerter à temps les ministères de tutelle et la communauté internationale. Le Rwanda a besoin de notre présence dans tous ces domaines, d'autant que PRI est – avec le CICR – la seule organisation internationale à lui fournir une aide concrète dans le domaine carcéral. Ce n'est pas un hasard si le bureau de Kigali est le plus important de PRI, et a compté jusqu'à dix-neuf personnes, dont dix-sept Rwandais. C'est dire l'importance que nous attachons à ce pays.

Cela dit, il faut être conscient que, pendant de longues années encore, il gardera le ratio détenus-population le plus élevé de la planète, malgré le souhait sincère du régime en place de revenir le plus vite possible à la normale et la pression internationale qui s'exerce dans ce sens. Au lieu de diminuer, la population carcérale risque même dans un premier temps d'augmenter, car les aveux qui seront sollicités par les tribunaux risquent de provoquer de nouvelles arrestations. Le risque est si réel que beaucoup de gens en liberté essayent de fuir depuis la décision de créer une justice populaire, de peur d'être l'objet de dénonciations, justifiées ou pas. Il faudra, en effet, tenir compte du risque de règlements de comptes villageois, dont les protagonistes ne manqueront pas de saisir cette occasion. Ceux qui ont des chances d'être libérés réclameront par ailleurs la restitution de leurs biens, le plus souvent confisqués durant leur séjour en prison, en général par des Tutsis de retour d'exil. Dans la période ouverte par la mise en place de cette justice, il faudra hélas s'attendre à des abus de toutes sortes.

Beaucoup se demandent pourquoi les autorités rwandaises n'ont pas choisi la voie sud-africaine d'une sorte de commission « Vérité et Réconciliation », comme celle mise en place après la fin de l'apartheid. C'est que les deux situations sont totalement différentes. Malgré ces différences, le régime rwandais a tenté de s'inspirer des solutions sud-africaines. Des séminaires ont eu lieu sur le sujet et le gouvernement a créé trois institutions appelées à collaborer entre elles : une Commission nationale pour les droits de l'homme, la sixième chambre de la Cour suprême qui va gérer les nouveaux tribunaux, et la Commission nationale de réconciliation. Il existe également une commission de compensation destinée à permettre aux familles des victimes d'être indemnisées, au moins en partie, mais elle n'a pas fonctionné correctement jusqu'ici, faute de moyens. Les donateurs ne veulent pas mettre la main à la poche, l'accusant de corruption et d'incompétence, et le gouvernement reproche à ces derniers de ne pas vouloir contribuer financièrement à la solution des problèmes consécutifs au génocide.

Mais il faut garder espoir. Il n'était pas évident, après tout, que PRI réussisse à travailler dans ce pays sur le long terme. Beaucoup d'observateurs nous avaient mis en garde contre les obstacles que nous allions rencontrer. Nous l'avons pourtant fait. PRI, je l'ai déjà signalé, est une organisation dont l'action ne peut être efficace qu'à un certain nombre de conditions, dont la volonté politique des gouvernements qui nous sollicitent et la possibilité pour nos interventions de trouver des relais internes. Jusqu'à présent, ces conditions ont été remplies au Rwanda, malgré les immenses difficultés que le pays traverse, dont l'insécurité n'est pas la moindre. Cette réussite relative, dans une atmosphère de respect mutuel, m'étonne parfois moi-même. Il est vrai que nous avons pris, dans tous les domaines, des précautions maximales. PRI s'est entouré, pour son action au Rwanda, d'un petit groupe de conseillers au fait des problèmes. Notre préoccupation est en effet de ne pas nous laisser entraîner dans les conflits internes et de rester animés par une éthique relevant exclusivement des droits humains.

La situation mondiale en matière de respect des droits des prisonniers est donc très contrastée. Mais, lentement, parfois imperceptiblement, le droit avance. Il faut accélérer cette avancée.

7

Les alternatives à la prison

■ Du nord au sud de la planète, *les prisons sont trop peu-
plées, personne n'en disconvient. Du Nord au Sud, aussi, la
prison est trop souvent une école du crime qui fonctionne comme
une usine à exclure, au lieu de préparer les détenus à retourner
en société après avoir payé leur dette vis-à-vis d'elle. Partout
dans le monde, les récidives sont trop fréquentes pour ne pas
poser un problème à l'institution carcérale.*

*Aux États-Unis, le Bureau national des statistiques a calculé que
16 % des délinquants libérés entre 1986 et 1994, après avoir
purgé leur première peine, étaient de retour en prison dans les
trois mois suivant leur libération. Des enquêtes plus poussées
effectuées en Floride indiquent que les taux de récidive les plus
élevés se rencontrent chez les jeunes et chez les Noirs, que le
taux de récidive est inversement proportionnel au niveau d'éducation, et que les voleurs récidivent plus souvent que les toxico-
manes. Ces études ont également constaté que les prisonniers
ayant purgé leur peine dans des conditions de haute sécurité ont
davantage tendance à récidiver que les autres. En Nouvelle-
Zélande, 30 % des hommes et 17 % des femmes libérés en
1998-1999 sont retournés en prison dans le courant de l'année
suivante. Au Canada, le taux de récidive s'élève à 37 % au bout
d'un an et à 65 % au bout de deux ans. Au bout de deux ans
également, il s'élève à 45 % au Danemark [1]. Bien que de telles
statistiques soient plus difficiles à établir dans les pays en*

---

1. International Center for Prisons Studies, *Analysis of International
Policy and Practice on Reducing Reoffending by Ex-Prisoners,* King's College,
Londres, 2001.

développement, les chiffres disponibles montrent que la récidive est loin d'être un problème marginal.

Pour toutes ces raisons, des spécialistes de plus en plus nombreux estiment urgent, désormais, de multiplier les alternatives à l'incarcération. De la prévention aux peines alternatives et au travail de préparation à la réinsertion dans la vie normale, c'est en fait la place de la prison qui doit être revue : quels types de sanction sont-ils efficaces, et pour quels délits ? Et ne vaut-il pas mieux agir en amont que de punir pour arracher les groupes marginaux à une délinquance qui est souvent, hélas, socialement programmée ?

Des expériences sont aujourd'hui menées un peu partout pour réduire la place de la détention dans les systèmes de sanction. Sans avoir encore d'effet d'entraînement significatif, elles ouvrent des perspectives qui permettront peut-être de sortir du cercle vicieux du tout carcéral. ■

Mieux vaut prévenir

Comment prévenir ? Les sociologues, les politologues, les criminologues diront sûrement que la meilleure prévention consiste à édifier une société assurant à ses membres l'éducation, la santé, le plein emploi, leur permettant ainsi de satisfaire à leurs besoins essentiels, matériels et immatériels. Car c'est en grande partie la frustration qui crée le délit. Il faudrait aussi limiter les mauvais exemples et l'on sait, dans ce domaine, l'influence néfaste de la télévision qui exalte partout la violence et la force. Les héros d'aujourd'hui sont presque tous des personnages brutaux. Cette omniprésence médiatique de la violence favorise à coup sûr son développement.

La prévention, c'est aussi la prise en charge des personnes et des groupes à risque et des minorités qui ont des difficultés d'adaptation. Les délits sont souvent commis par ceux qui se sentent exclus de la société et se croient, de ce fait, libérés de ses normes et des devoirs qu'elles imposent. Ces marginaux ne reconnaissent pas l'existence de limites à ne pas franchir. Ils n'ont pas la même notion du bien et du mal que le reste de la société. Car une personne à qui celle-ci ne donne pas de droits ne se sent aucun devoir vis-à-vis d'elle. D'où la nécessité de prêter une attention particulière à ces catégories et aux situations sociales de précarité, qui favorisent la criminalité.

Pour faciliter l'insertion des groupes minoritaires, la création d'une police de proximité peut se révéler utile. Elle ne doit pas avoir pour fonction de sévir mais de protéger, de conseiller, d'aider. Certaines expériences, dans ce domaine, ont produit des résultats positifs. Le Malawi a institué une surveillance des frontières pour empêcher le trafic des armes à feu en s'appuyant sur les populations frontalières qui ont été associées à la police dans la lutte contre ce trafic. L'utilité d'une police de proximité est évidente dans le cas du respect du code de la route : sa présence est un puissant outil de prévention des infractions. L'idéal, c'est quand une connivence s'établit entre les forces de l'ordre et la population. Encore faut-il, pour ce faire, que le policier ne se comporte pas comme un ennemi mais comme un aide.

Il est également nécessaire de prendre en charge certaines catégories de jeunes pour les aider à sortir de situations infériorisantes. Plusieurs municipalités du Grand Londres soutiennent ainsi des programmes d'alphabétisation pour les minorités linguistiques, afin de les aider à acquérir la maîtrise de l'anglais. Il existe donc des politiques intelligentes de prise en charge d'une jeunesse un peu perdue, privée de références adultes et de lieux récréatifs. Des travailleurs sociaux organisent pour eux et avec eux une série d'activités valorisantes.

À ceux qui sous-estiment ce genre de réponses à la délinquance au prétexte qu'elles ne peuvent à elles seules résoudre le problème, il faut rappeler que la criminalité est marginale dans toutes les sociétés, et qu'agir à la marge a donc un sens. Aucune étude, par ailleurs, n'a prouvé que ces types d'actions n'avaient pas d'influence, même s'ils n'ont pas toujours l'efficacité qu'on en attend. On met peut-être, au départ, la barre trop haut. Mais l'expérience montre que ces pratiques, même si elles restent marginales, apportent toujours un mieux à des individus, à un groupe, à un immeuble, à un quartier. C'est toujours cela de gagné. On conviendra que le coût de ces opérations n'est jamais trop élevé quand on sait que leur valeur humaine est incalculable. La prévention de la délinquance s'obtient à ce prix. Ce qui est important, c'est la protection de la dignité des individus par tous les moyens possibles.

En fait, le terme de prévention recouvre plusieurs types d'actions, et la réalité diffère beaucoup d'un contexte à l'autre. Dans les sociétés encore partiellement traditionnelles, où les relations de voisinage et de famille sont très fortes, la prévention s'effectue presque naturellement car elle fait partie de la gestion de la vie quotidienne. Les gens se connaissent et s'observent. Le problème se pose différemment dans les sociétés développées où l'individualisation des comportements est très avancée. Le processus d'individuation y a entraîné un relâchement du contrôle social. L'individu indépendant du groupe agit de façon beaucoup plus détachée de son environnement. Il ne s'agit pas, en faisant ce constat, de chanter les louanges des sociétés traditionnelles, mais c'est ainsi. Dans ces dernières, le surmoi collectif est très fort et le contrôle des individus très étroit. Quand quelqu'un est sans attaches, il se sent moins d'obligations et son autorégulation faiblit.

Mais le type de société dans lequel on vit n'est pas le seul facteur influant sur le comportement. Les niveaux d'éducation ou d'aisance sociale sont également des déterminants très importants. Voilà pourquoi, dans les sociétés modernes, l'effort de prévention doit être plus grand et consciemment planifié. S'il a un coût économique plus élevé, ses bénéfices à terme sont incalculables. Il doit aussi servir à recréer du lien social pour reconstruire des garde-fous.

Ce dont il faut être conscient, c'est que la prévention est un travail de longue haleine qui produit rarement des résultats immédiats. Il faut avoir la patience d'œuvrer sur le long terme. Cela se fait heureusement, çà et là. En France, les autorités ont mis en place un programme de politique de la ville visant à améliorer la vie quotidienne des habitants des quartiers connaissant des difficultés, afin de prévenir les risques d'exclusion sociale et urbaine. Au niveau de la prévention, ce programme veut renforcer la capacité des personnes qui sont en contact avec les mineurs à repérer leurs difficultés et à mobiliser les compétences professionnelles pour y répondre. C'est un véritable réseau de veille éducative et préventive qui a été mis en place, sans pour autant créer de nouvelles structures. Ce programme favorise également de nouveaux modes de résolution des conflits, en amont de toute intervention judiciaire. Un volet important en est la mobilisation de l'ensemble de la collectivité en faveur des jeunes en difficulté et de leurs familles pour appuyer la mise en œuvre des décisions de justice. Toujours dans cette optique, plusieurs municipalités et préfectures ont mis en place des équipes pluridisciplinaires composées de psychologues, de spécialistes de la prévention contre la drogue et la prostitution, et d'autres travailleurs sociaux, ciblant les catégories de personnes à risque. À Saint-Denis, dans la banlieue parisienne, une telle équipe accomplit depuis plusieurs années tout un travail de prise en charge, de conseil, de suivi, d'aide et d'écoute qui commence à porter des fruits.

PRI est souvent partie prenante dans ces actions de prévention en direction des catégories vulnérables. Nous avons aidé, à Addis-Abeba, une association locale travaillant dans les quartiers populaires à mettre sur pied un programme de prévention de la criminalité juvénile. L'association, basée dans quatre ensembles de bidonvilles comptant en tout trente mille habitants, faisait au départ surtout de l'assainissement, aidait les femmes à créer des activités rémunératrices, finançait des écoles et se lançait dans l'animation de quartier. Nous l'avons aidée à bâtir un programme en direction des mineurs récidivistes en identifiant avec elle vingt délinquants déclarés de moins de dix-huit ans, seize garçons et quatre filles. Aucun d'entre eux n'avait commis de délit ou de crime graves, mais tous, enfants des rues, étaient endurcis par leurs séjours répétés en prison. Avec notre soutien, l'association s'est occupée de ces vingt jeunes pendant deux ans en leur apportant une aide psychologique et en apprenant à chacun un métier. Pendant leur prise en charge et depuis, aucun de ces jeunes gens n'a eu affaire à la police. Après avoir été suivis pendant deux ans, ils ont laissé la place à un autre groupe qui a fait l'objet du même traitement. Cette expérience pilote a eu un taux de réussite de cent pour cent. En 2000, elle a été présentée au dixième congrès des Nations unies pour la prévention du crime comme une « bonne pratique » de prévention.

En Ouganda, deux associations féminines de Kampala, appuyées par PRI, s'occupent depuis 1994 de la réinsertion des femmes prisonnières. En Afrique, en général, les femmes vont en prison à la suite de conflits familiaux autour des questions d'héritage, de mésentente entre coépouses, ou de violences et, une fois en détention, elles perdent tout contact avec leurs familles qui ne s'occupent plus d'elles. Les maris les abandonnent la plupart du temps, les enfants grandissent sans leur mère et n'en ont plus besoin. Ces femmes, dans un état de vulnérabilité extrême, sont des victimes désignées du cercle vicieux de la criminalité. Les deux associations ougandaises ont décidé de s'en occuper en proposant à celles qui le souhaitaient une prise en charge durant la dernière période de leur détention et, à leur sortie, pendant six mois. Sur un terrain fourni par les pouvoirs publics, elles ont construit un lieu d'hébergement, des salles de cours pour l'alphabétisation et des ateliers pour la formation à un métier. Au bout de six mois, les ex-prisonnières quittent le foyer après avoir été aidées à trouver un emploi. Mieux, se rendant compte qu'elles avaient besoin d'un petit capital pour réintégrer la vie active, ces femmes se sont elles-mêmes constituées en association, toujours avec l'aide des deux ONG, afin d'avoir accès au microcrédit. En 2000, sur trois ou quatre groupes de femmes pris en charge depuis le début de l'opération, une seule avait récidivé. Voilà encore un travail de longue durée qui a porté ses fruits.

Les Nations unies ont aussi participé à un programme de prévention de la criminalité en milieu urbain dans plusieurs grandes villes, dont Dakar et Accra, financé entre autres par l'aide américaine et le PNUD.

Par quoi remplacer la prison ?

En 1995-1996, une importante étude a été effectuée par une magistrate française travaillant alors au Sénégal sur les alternatives à la prison dans les pays en développement. Publiée dans la revue du Syndicat français de la magistrature [2], elle a été présentée à la réunion organisée en 1997 par PRI au Zimbabwe sur le travail d'intérêt général en Afrique. C'est dire que nous nous intéressons depuis plusieurs années à cette question.

Les alternatives à la prison comprennent l'ensemble des sanctions non privatives de liberté et, au-delà, tous les systèmes d'arrangements et de compensations intervenant entre des parties en conflit. Cela va du simple avertissement verbal aux compensations monétaires ou en nature pour arrêter le processus de judiciarisation de la dispute, qui peut conduire l'un des protagonistes en prison. On peut ainsi contraindre un fautif à réparer ou à remplacer un bien détruit. Sur décision du juge, le délit peut également être réparé par un travail non rémunéré au bénéfice de la communauté, d'où le terme de travail d'intérêt public ou général.

La sanction non carcérale la plus utilisée au monde est la peine assortie d'un sursis. L'amende existe aussi dans la plupart des législations, mais son efficacité est relative dans la mesure où, souvent, les condamnés n'ont pas les moyens de s'en acquitter et où la contrainte par corps s'exerce alors à leur encontre. Une alternative, moins utilisée dans les pays du Sud, est la libération conditionnelle assortie d'un contrôle de la conduite du condamné qui en bénéficie. Dans les États développés, qui disposent du personnel nécessaire au contrôle – juges d'application des peines ou comités de probation –, cette pratique est en revanche très répandue. Pour les prisonniers en détention préventive, le régime de la liberté sous caution peut être une alternative. La caution est soit financière et

---

2. « Les peines alternatives à l'incarcération dans les pays en voie de développement », par Odette-Luce BOUVIER, *Justice*, n° 153 à 155, juillet 1997 à février 1998.

réservée dans ce cas à ceux qui peuvent payer, soit morale, une tierce personne se portant garante que le détenu répondra aux convocations de la police et de la justice. Cette pratique, rare dans les pays du Sud, existe cependant au Kenya et au Zimbabwe.

D'autres alternatives sont nées ces dernières années de la nécessité de désengorger les lieux de détention. Le bracelet de surveillance électronique, qui permet de suivre les mouvements d'un condamné laissé en liberté ou en résidence surveillée, en fait partie. Mais il ne représente pas, pour PRI, l'alternative miracle à la prison, comme on le dit trop souvent. Pour l'instant, il ne peut guère être expérimenté que dans les pays développés, du fait de sa technologie relativement sophistiquée qui fait appel à l'informatique et à la surveillance électronique. Or, la surpopulation carcérale est un problème crucial à l'échelle mondiale, et ne se pose pas seulement aux pays riches où, d'ailleurs, l'utilisation du bracelet reste pour l'instant limitée. Il commence à se généraliser aux États-Unis, pays où il est aujourd'hui le plus répandu. Il a été introduit récemment en France, en Grande-Bretagne et aux Pays-Bas. Les pays nordiques sont très réservés sur son usage qui peut être considéré comme déshumanisant, du fait de la surveillance constante des individus qui le portent et de l'intrusion qu'il suppose dans leur vie privée et celle de leur famille.

Le travail d'intérêt général

Le travail d'intérêt général, alternative aujourd'hui en forte expansion, se fonde souvent sur une tradition qui préexiste à la prison. Dans de nombreux pays, il s'est donc simplement agi d'en reprendre l'idée en y sensibilisant les autorités et les opinions publiques. Dans presque tous les pays développés, il est maintenant solidement installé dans le paysage des sanctions. En Angleterre et au Pays de Galles, il existe depuis longtemps. La France, s'inspirant de l'expérience anglaise, l'a introduit au milieu des années quatre-vingt. Les États scandinaves, les Pays-Bas, la Belgique, les États-Unis, le Canada, l'Australie en ont fait – avec des fortunes diverses – un élément central de leur système de sanctions non privatives de liberté. L'acte de justice lui-même est partout identique : un délit punissable de prison par la loi est sanctionné par un nombre d'heures de travail non rémunéré au profit de la collectivité, et non de la victime ou de sa famille.

Ce type de sanction, c'est aussi ce qui fait son originalité, nécessite l'accord du condamné qui peut, s'il le préfère, choisir la prison. C'est également une sanction modulable : elle est non seulement adaptée aux compétences du condamné, mais au temps dont il dispose puisque, s'il a un emploi, tout est fait pour qu'il ne le perde pas. Il paye donc sa dette à la société en dehors de ses heures de travail. Pour ce faire, il est contrôlé non seulement par l'institution qui bénéficie de ses prestations mais par une autre personne, travailleur social salarié ou bénévole ou employé de l'administration. En France, c'est le juge d'application des peines qui est responsable de son bon fonctionnement. Cette sanction nécessite donc des moyens importants en personnel administratif pour être efficace. C'est une pratique assez coûteuse. Mais elle est très positive, en ce sens qu'on peut punir quelqu'un sans l'arracher à son travail et à sa famille, en lui faisant payer d'une autre façon le dommage qu'il a causé.

Dans les pays en développement, le travail d'intérêt général est apparu comme alternative officielle à la prison au début des années quatre-vingt-dix, même s'il existait déjà dans de nombreuses sociétés. La première expérience contemporaine à grande échelle a eu lieu au Zimbabwé, avec le soutien de PRI. Il a d'abord fallu modifier la loi pour introduire cette peine dans le code pénal et préciser la nature des délits auxquels elle peut être appliquée. En général, il s'agit de délits passibles au plus d'une année de prison. Un comité national *ad hoc*, présidé par un juge et regroupant des membres des professions judiciaires, de la police, des ONG spécialisées, des représentants communautaires, a ensuite été créé par une loi pour mettre en œuvre cette nouvelle sanction. Les institutions ayant besoin de l'apport d'un travail non rémunéré ont également été identifiées. Des établissements scolaires n'ayant pas de budget pour effectuer des travaux indispensables, l'administration des travaux publics, des municipalités ont ainsi trouvé dans ces prestations gratuites des solutions à leurs problèmes. Enfin, pour adapter le modèle à la réalité économique et financière locale, on l'a assis sur le volontariat. Des agents bénévoles s'occupent de ceux qui sont astreints au travail d'intérêt général. Ces agents peuvent être des fonctionnaires de justice ou de police, mais ils remplissent cette fonction en plus de leur emploi rémunéré. De début 1994 à novembre 2000, plus de 32 000 condamnés avaient déjà bénéficié de cette peine alternative au Zimbabwé.

En 1996, le comité national en a analysé les facteurs de succès. En premier lieu, vient la volonté politique. La magistrature a également un rôle essentiel et l'échec est garanti si elle est laissée à l'écart de la réforme. Le troisième facteur réside dans le développement d'une société civile ouverte au débat et désireuse de contribuer au mouvement de réforme. Aucune administration en effet, si riche soit-elle, n'est en mesure d'assurer seule le succès d'une telle entreprise.

L'expérience a été adaptée dans une dizaine d'autres pays d'Afrique, ainsi que vers l'Amérique latine et l'Europe centrale et orientale. Au Brésil, des peines de prison allant jusqu'à quatre ans peuvent être transformées en astreinte à un travail d'intérêt général. Au Rwanda, des génocidaires de second ordre commencent à être condamnés à ce type de peine. La généralisation du bénévolat a permis à ces alternatives de fonctionner sans attendre de disposer de budgets importants ou de structures étatiques lourdes. Dans plusieurs pays, les pouvoirs publics n'étaient pas convaincus au départ de l'efficacité de cette pratique. Grâce au bénévolat toujours, nous avons pu y monter des expériences pilotes ayant valeur démonstrative.

Après de nombreux tâtonnements et des difficultés de tous ordres, le travail d'intérêt général semble avoir atteint sa vitesse de croisière. Dans des pays comme le Kenya, il a mis longtemps à trouver sa place dans le système pénal. Le travail de préparation y a commencé en 1995. Il a fallu attendre décembre 1998 pour que la loi créant cette peine alternative soit votée par le Parlement et fin 1999 pour que les premières sanctions alternatives soient infligées. Puis, tout est allé vite : en 2000, plus de cinquante mille délinquants ont été condamnés à un travail d'intérêt général. Le cas kenyan montre tout l'intérêt de cette nouvelle approche de la sanction qui permet de gérer de façon plus souple la délinquance moyenne, celle qui n'atteint pas un niveau de gravité réellement préjudiciable à la société.

La fin de la peine et la réinsertion

La prison reste encore ce lieu clos, caché, que la société veut oublier. C'est pourquoi elle a de plus en plus tendance à exclure les prisons de la cité. Les arguments avancés pour justifier leur relégation dans les zones les plus isolées de banlieues de plus en plus lointaines, comme l'envolée des prix du foncier et de l'immobilier dans les centres-villes, ou le manque de place, ne suffisent pas à expliquer ces déplacements. Il s'agit en fait de rejeter la prison hors du champ visuel du citoyen ordinaire, donc hors de sa conscience. Tant qu'il demeurera fermé, ce lieu résistera aux tentatives d'ouverture sur le monde. Les prisons sont en outre, on l'a vu, des endroits `urpeuplés, mal gérés – surtout dans les pays en développement – par un personnel peu préparé à des tâches très particulières. Du Népal au Liban, à la Jordanie ou à la Guinée-Conakry, les centres de détention sont gérés par un personnel policier formé aux tâches de répression et de maintien de l'ordre, et non au travail en milieu carcéral.

Ces insuffisances sont aggravées par l'absence quasi générale d'une politique pénale visant à limiter les effets néfastes de l'enfermement. En humanisant les conditions de détention et en faisant en sorte que la vie à l'intérieur de la prison soit la plus proche possible de la vie extérieure, on peut pourtant espérer limiter ces effets. Au-delà de l'exigence de respect de la dignité humaine, il s'agit, en promouvant ce type de politique, de mieux préparer le retour du prisonnier à la vie normale, de lui donner envie de réintégrer la société sans sombrer de nouveau dans la délinquance. C'est pourquoi il faut créer les conditions lui permettant de vouloir et de pouvoir se réinsérer. Le cas des drogués illustre l'intérêt d'un tel travail. Le temps carcéral doit, dans leur cas, être utilisé au mieux pour les sevrer positivement et leur ôter l'envie de retomber dans la toxicomanie. Il est capital de préparer le prisonnier au moment de la sortie, qui est très important dans sa vie et détermine la suite de son existence.

Voilà les principes qui doivent être à la base de toute politique de réinsertion, aussi fondamentale que la prévention pour le bien-être de la société. Or, si l'on considère la réinsertion comme l'objectif central de toute politique carcérale, le temps de la prison ne doit plus être considéré comme une punition, mais comme une prise en charge destinée à modifier le comportement des détenus en les amenant à réfléchir sur leurs actes pour éviter leur répétition. La condition *sine qua non* de cette démarche est de permettre au détenu de garder ou de retrouver l'estime de soi. C'est pourquoi il faut veiller à préserver son intégrité physique et morale. L'autre condition à respecter absolument, si l'on veut que la réinsertion réussisse, est le maintien des contacts du prisonnier avec l'extérieur, ce qui va totalement à l'encontre des pratiques actuelles de détention, fondées sur le retrait du monde carcéral par rapport à la société. Il faut, au contraire, favoriser la porosité entre la prison et le monde extérieur. Cela suppose une stratégie qui tienne bien sûr compte de la nécessité de maintenir l'ordre en prison, mais qui ne subordonne pas tout à son maintien. Outre la séparation des différentes catégories de prisonniers qui permet, on l'a vu, de ne réserver les mesures de sécurité maximales qu'à une minorité d'entre eux, tout doit être fait pour faciliter les activités collectives et l'accès à l'information.

Prévention, alternatives au tout carcéral, réinsertion, voilà le triptyque qui devrait guider toute politique de traitement de la délinquance et de la criminalité. On en est encore loin, au Nord comme au Sud, mais les expériences modestement menées un peu partout montrent que c'est dans cette direction qu'il faut chercher la voie à suivre.

8

Réformer la prison

■ QUE FAUT-IL RÉFORMER *dans la prison, ce mal nécessaire de la société ? Dans la mesure où elle a été conçue et créée pour placer les délinquants à l'écart, le fait de vouloir insérer la prison dans la société ne relève-t-il pas de l'utopie ? Utopie nécessaire, répondent les militants de l'amélioration des systèmes carcéraux, si l'on veut que les prisons cessent d'être des usines à déshumaniser les détenus pour devenir des lieux où ils peuvent retrouver l'humanité qu'ils ont un moment perdue. Un tel volontarisme suppose d'avoir, chevillée au corps, la conviction que « nul n'est méchant volontairement », pour reprendre le célèbre aphorisme de Socrate. Le plus souvent, le délit serait, en quelque sorte, une erreur d'aiguillage dans la vie d'un être humain et le devoir de la société devrait consister à le replacer dans le droit chemin.*

L'utopie se fait cependant réaliste quand on sait que la déréliction dans laquelle sont plongés la plupart des prisonniers est porteuse de danger pour toute société. Vue sous cet angle, la réforme des systèmes carcéraux est peut-être un moyen efficace d'améliorer la sécurité globale des citoyens. L'entreprise, en somme, est ambitieuse, mais vaut d'être menée, non seulement par confiance dans l'humanité, mais par charité bien ordonnée... ■

Résistants aux réformes

Il faut considérer la réforme du système carcéral comme un véritable projet de société. Elle inclut en effet celle de la justice, la prison n'étant que la partie d'un tout. Mais une infinité de résistances, partout dans le monde, rendent difficiles les tentatives de changement. Ces réserves viennent en premier lieu du législateur lui-même, surtout dans les pays démocratiques car, avant d'être parlementaire donc faiseur de lois, il est d'abord un candidat aux élections et un homme politique.

Pour faire avancer l'idée de réforme, il faut donc au préalable emporter l'adhésion des décideurs, la volonté politique étant une condition de la décision de réformer. En général, d'ailleurs, le besoin de réforme ne vient pas du monde politique mais du système carcéral lui-même, qui fait face à des situations dramatiques résultant du décalage entre ses besoins et les moyens mis à sa disposition. Dans de nombreux pays, on l'a vu, ce sont les administrations pénitentiaires qui appellent les pouvoirs publics à réformer. Dans nombre de pays où PRI intervient, c'est à la demande de ces administrations, c'est-à-dire des acteurs directs du système carcéral. Ce sont eux qui sont au plus près des dysfonctionnements de ce dernier et, souvent, ils se sentent négligés par des pouvoirs qui ne les considèrent que comme des exécutants alors qu'ils estiment avoir des propositions à formuler.

Les résistances, toutefois, peuvent aussi venir du système carcéral. En 1997, l'inspecteur général de la police de l'État du Pendjab pakistanais reprochait publiquement à l'administration pénitentiaire de mettre des obstacles à la libération des détenus, qu'elle préférait garder derrière les barreaux pour en tirer des revenus en les exploitant. Gangrené par la corruption comme celui de beaucoup d'autres pays, le système pénitentiaire pakistanais résiste à toute libéralisation pour conserver ses gisements de profit que sont les détenus. Comme dans d'autres pays, en effet, les parents doivent s'acquitter d'une petite somme pour visiter leurs proches incarcérés. En Haïti, sous la dictature militaire du début des années quatre-vingt-dix, existait une dîme dénommée le « prix des fesses » : chaque prisonnier devait payer pour disposer d'un espace où s'asseoir, et les juges d'instruction se partageaient avec les policiers et les gardiens les sommes ainsi soustraites aux détenus et à leurs familles. Les familles disposant de quelques moyens tentaient d'améliorer la situation de leur parent détenu en payant.

La petite corruption existe dans presque toutes les prisons, où les détenus doivent payer les gardiens pour obtenir des choses parfaitement légales. Quand il s'agit d'accéder à des privilèges illégaux, la dîme est évidemment beaucoup plus élevée. Au Rwanda, où PRI a entrepris d'importants programmes de formation du personnel pénitentiaire – issu le plus souvent de l'armée –, la presque totalité des directeurs des prisons et de leurs adjoints ont été limogés en 1999, et la moitié s'est retrouvée elle-même derrière les barreaux pour corruption. Ils avaient mis en place tout un système de détournements et de location de la main-d'œuvre carcérale à leur profit. Cette économie de la corruption est un important facteur de résistance aux changements.

Il n'empêche. L'expérience prouve que l'administration pénitentiaire peut, puissamment parfois, pousser au changement. C'est le cas dans de nombreux pays d'Europe centrale, d'Afrique et du monde arabe. Le Maroc, le Liban, la Jordanie, la Palestine, sont de bons exemples de cette volonté de réforme manifestée par les acteurs du système eux-mêmes.

Le système judiciaire est également un des principaux lieux de résistance, en général par manque de capacités, toute réforme exigeant des moyens financiers et humains accrus. Mais son conservatisme peut aussi jouer un rôle important dans les blocages. Les juges et les magistrats sont des notables, et disposent d'un pouvoir qui peut les transformer en despotes locaux. Les juges corrompus sont légion dans le monde, surtout dans les pays où leur nombre est limité et où leurs bas salaires ne leur permettent pas de faire vivre correctement leur famille. Dans les systèmes où sévit la corruption, les dossiers traités en priorité sont évidemment ceux pour lesquels les juges ont été le mieux payés. Toutes les mafias du monde profitent de ces failles. Que dire alors des pays où l'administration de la justice est aux ordres du pouvoir politique et ne dispose d'aucune autonomie ? Elle n'a, de ce fait, aucune notion de sa légitimité intrinsèque, qui découle du principe de la séparation des pouvoirs. Son rôle est alors totalement dévalorisé et, dans ce cas, il n'est pas surprenant qu'elle soit conservatrice et incapable de se penser en facteur de changement. Elle ne tire en effet que des bénéfices des rapports de forces et du clientélisme.

Dans de tels contextes, seule la volonté politique peut créer les conditions du changement. Au Mali, l'initiative de la réforme est ainsi partie de l'instance politique. Plusieurs enquêtes sur les conditions de détention en Afrique, dont certaines ont été effectuées par PRI, ont décrit le système carcéral malien et fait des recommandations aux autorités qui les ont prises en compte. Mieux, l'autorité politique – avec le soutien de l'administration pénitentiaire centrale – n'a pas hésité à sévir contre des gardiens découverts en train de maltraiter des détenus [1]. Ils ont été renvoyés et un nouveau personnel a été formé et recruté.

Au Kazakhstan, pour prendre un exemple dans une autre région du monde, des réformes très importantes sont en cours grâce à la volonté conjointe du pouvoir politique et de l'administration pénitentiaire, et avec l'assistance technique de PRI. Toutes les anciennes républiques de l'Union soviétique se sont engagées, à l'instar du Kazakhstan, dans un processus plus ou moins important de réforme. Presque partout, dans cette région, la supervision des systèmes carcéraux est retirée aux ministères de l'Intérieur pour être attribuée aux départements de la Justice. Ce changement de tuteur a un sens fondamental, dans la mesure où il entérine le fait que le système pénitentiaire doit appartenir à une autre logique que celle de la seule répression.

Quand la volonté politique n'existe pas ou n'est pas suffisante pour faire contrepoids aux pesanteurs du système, il peut y avoir des pseudo-réformes ou des retours en arrière. En Jordanie, PRI contribue à la mise en œuvre d'un programme partiellement financé par l'Union européenne et a trouvé pour ce faire un appui auprès des autorités, y compris du palais royal. Le mot « prison » est officiellement banni du vocabulaire et

---

1. Ces gardiens avaient été dénoncés en août 1997 dans le rapport du rapporteur spécial sur les prisons et les conditions de détention en Afrique.

on ne parle plus que de centres de rééducation et de réinsertion. Mais la réforme n'est pas encore assez profonde pour bouleverser les habitudes et les mentalités : récemment, parce qu'un détenu avait réussi à se faire passer un peu de drogue par sa famille, tous les prisonniers du pays ont été empêchés d'avoir un contact physique avec leurs visiteurs. Le sens de la réforme n'a donc pas été intériorisé par ceux qui sont chargés de la mettre en œuvre. En Tunisie aussi, les noms des prisons ont été changés dès les années soixante, ce qui n'empêche pas ce pays d'avoir un système carcéral très répressif et très opaque. En plus de vingt ans d'existence, la Ligue tunisienne des droits de l'homme n'a été autorisée que deux fois à visiter des prisons. Même dans les pays qui tentent de réformer, les exigences supposées du contrôle sécuritaire ont la vie dure.

Influences extérieures

Ces quelques exemples montrent que la réforme des systèmes pénitentiaires est soumise aux vicissitudes de la politique et aux évolutions internationales. La volonté de changement des pays en transition d'Europe de l'Est est aussi la conséquence de la désintégration du système soviétique et de la fin de leur isolement international. Si la libéralisation économique a eu le plus souvent des conséquences négatives, ce n'est pas le cas de l'ouverture du champ politique. Le fait que ces pays aspirent à devenir des partenaires de l'Union européenne et, pour certains d'entre eux, candidats à l'entrée dans l'UE, les oblige à changer leurs lois, en abolissant la peine de mort notamment, ainsi que leurs méthodes d'administration des prisons pour se conformer aux normes européennes. Ils doivent en effet prouver concrètement qu'ils sont disposés à les respecter. Les éléments réformateurs de ces régimes se servent d'ailleurs des conditionnalités européennes comme de leviers pour accélérer les réformes. Facteurs externes et évolutions internes se conjuguent ici pour libéraliser des régimes naguère autoritaires.

Les conditionnalités judiciaires et carcérales empêchent, en revanche, un pays comme la Turquie de se rapprocher vraiment de l'Union européenne, dans la mesure où son système pénitentiaire est d'une extrême dureté et contrevient à toutes les normes internationales édictées dans ce domaine. La Turquie offre un bon exemple de la force des résistances aux changements. L'armée y est farouchement hostile à la réforme en prenant prétexte du danger représenté par les extrémismes religieux et nationalistes. Or elle est si puissante qu'elle peut s'opposer aux velléités réformatrices du gouvernement. C'est un pays où la situation, dans le domaine pénitentiaire, est extraordinairement compliquée. Quand les autorités ont voulu se rapprocher des normes européennes en généralisant les cellules individuelles dans les prisons, à partir de 1999, elles ont provoqué un très important mouvement de contestation chez les prisonniers politiques, qui ont reproché aux autorités d'utiliser ces normes pour aggraver leur isolement et briser leur résistance. Les grèves de la faim ont déjà fait plusieurs dizaines de morts parmi les prisonniers et leurs sympathisants. Il est vrai que les cellules individuelles sont réservées aux seuls détenus politiques kurdes et d'extrême gauche, ce que l'opinion ignore en général. Les autorités rétorquent aux arguments des détenus que les chambrées favorisent une organisation totalitaire de la vie carcérale, ce qui est également vrai. En attendant, les grévistes de la faim meurent dans l'indifférence générale. Cela n'empêche pas que la nécessité de se conformer aux normes européennes, pour les États qui veulent se rapprocher de l'UE, est une incitation très positive à la réforme.

Quelles réformes, pour quelle prison ?

Pour qu'une réforme réussisse, il faut lui donner des moyens. PRI débat régulièrement de cette question dans des publications, dans le cadre de colloques et de séminaires, dans ses contacts avec les pouvoirs qui font appel à ses services. Il faut d'abord de nouveaux moyens matériels et techniques permettant d'élargir les connaissances sur la population carcérale, d'informatiser les données, de les rendre accessibles.

Mais cela ne suffit pas. Toute réforme exige d'abord un profond changement des mentalités, et la mise à plat des systèmes existants n'est pas seulement une question d'argent. L'octroi de moyens à la réforme est certes un facteur favorable, mais non une condition essentielle de son succès. Il existe des exemples d'expériences réussies où les moyens matériels mobilisés ont été dérisoires. Nombre de changements ont d'ailleurs moins besoin de ressources nouvelles que d'une meilleure utilisation de celles qui existent. Il est en outre plus utile d'amener progressivement la société tout entière à contribuer au changement que de se focaliser sur la question des moyens, qui peut aussi servir d'alibi à l'inaction. D'autant que les financements, venant pour la plupart de donateurs étrangers dans le cas des pays en développement, sont éphémères alors que l'essentiel consiste à rendre une réforme irréversible. Il convient donc d'éviter de tomber dans la dépendance à l'égard des bailleurs de fonds. C'est pourquoi PRI cherche à mettre en place des réformes demandant peu de moyens.

Sur cette question, le contre-exemple de notre expérience yéménite est particulièrement parlant. Sur le conseil de ses bailleurs de fonds, le Yémen a fait appel à PRI en 1998 pour évaluer la possibilité de mettre en chantier une réforme et d'introduire la formation aux droits de l'homme dans les prisons. J'y suis allé avec un expert britannique pour visiter ces dernières, nouer des contacts avec les ONG locales et élaborer un programme expérimental dans les cinq principales prisons du pays. Sous la responsabilité de l'administration pénitentiaire, la réforme a commencé par sensibiliser et former le personnel de ces cinq établissements par le biais d'un cycle de conférences et d'ateliers de travail. Chaque prison a ensuite établi un programme pratique lui permettant de remédier aux principaux problèmes rencontrés après les avoir identifiés et analysés, et avoir recherché des solutions adaptées. Au bout de quelque temps, nous devions revenir visiter les prisons, évaluer l'expérience au cours de rencontres

avec l'administration, le ministère de tutelle et les ONG partenaires, attribuer un prix à l'expérience la plus réussie et la
populariser dans toutes les prisons du pays afin d'y encourager la même approche.

Or, avant de partir, j'apprends que le gouvernement a tout
arrêté à la suite d'une campagne de dénigrement « contre
l'étranger », c'est-à-dire en clair l'Occident, accusé de vouloir
exporter sa conception des droits humains, et qu'il réclame
désormais des aides financières pour construire de nouvelles
prisons. Tout a été stoppé. Voilà un exemple montrant qu'il
est difficile de travailler avec des administrations ne connaissant de l'environnement étranger que les aides financières et
les prêts. La demande d'aide financière est devenue une culture contre laquelle il est très difficile de s'insurger. Les habitudes de dépendance peuvent ruiner les volontés de réforme,
si celles-ci ne comptent que sur l'aide matérielle étrangère
pour réussir.

Une utopie réaliste

La prison modèle n'existe pas et n'existera jamais. Il ne faut
pas considérer la prison comme un en soi privé de contexte,
mais regarder l'ensemble du système carcéral, le mot « système » évoquant une réalité complexe. Si on veut parler
d'idéal, il serait que ce système, aussi démuni de moyens
soit-il, acquière suffisamment de complexité pour faire la part
des choses et assurer des traitements adaptés aux cas
individuels.

Il devrait, entre autres, disposer de centres de détention
bénéficiant d'une sécurité renforcée pour les criminels
endurcis, dont le nombre est partout limité, mais avec des
structures et un personnel capables en même temps de les
aider à devenir moins dangereux. À la séparation physique des
différentes catégories de prisonniers doit s'ajouter la notion
d'étapes : un prisonnier change au cours de sa détention et il
faut aider cette évolution. Tout est donc complexe, on le voit,
et la prise en compte de ces spécificités inhérentes au parcours

carcéral exige un personnel qualifié. Il convient, pour le former, de créer des centres *ad hoc* dans les prisons. Il faut aussi, je l'ai dit, des prisons ouvertes sur le monde pour des catégories de détenus susceptibles d'évoluer rapidement vers la réinsertion.

Quand l'administration aide des détenus à évoluer, elle évolue aussi avec eux. Pour ce faire, il faut un ratio personnel-prisonniers élevé car les moyens humains sont essentiels aux réformes. Il ne s'agit pas de gonfler les effectifs bureaucratiques des administrations pénitentiaires centrales ou d'accroître le gardiennage, mais de mettre de vrais employés motivés et qualifiés – surveillants mais également médecins, éducateurs, travailleurs culturels, juristes, etc. – au contact des détenus. C'est une grosse machine qui doit être mobilisée. C'est pourquoi elle ne peut dépendre du seul travail salarié et des budgets publics. Aucun pays du monde ne peut gérer la délinquance par le seul salariat.

Paradoxalement, ce sont les pays riches qui utilisent le plus le bénévolat. Dans les pays du Sud, en revanche, la méfiance des pouvoirs à l'égard de la société civile est telle que les prisons sont souvent des lieux secrets ultra-surveillés et inaccessibles aux ONG. La situation évolue cependant, car nombre d'États en développement se sont rendu compte qu'ils ne pouvaient rien faire seuls. À Karachi, au centre pour mineurs, l'éducation religieuse est gérée par une ONG, une autre pourvoit à leurs besoins d'assistance juridique, une autre encore envoie des artistes pour aider les jeunes à développer leurs capacités en peinture, en dessin, en chant, en théâtre. Une expérience analogue est conduite dans un centre de détention de Téhéran : des éducateurs à la retraite viennent y enseigner bénévolement. La participation des ONG est donc essentielle, surtout dans les pays qui ne peuvent mobiliser de gros moyens.

Dans l'Union européenne, à part les pays scandinaves et les Pays-Bas, incontestablement les plus en pointe en matière d'innovation pénitentiaire, l'Irlande, l'Angleterre et l'Écosse semblent fournir de réels efforts de réforme. PRI entretient des liens étroits avec l'administration et les personnels pénitentiaires anglais. Nombre d'entre eux participent à nos activités à travers le monde en tant qu'experts et formateurs.

Convaincre et former

Quand un gouvernement décide de faire appel à nous, une partie du problème est déjà résolue. Au Bénin, le ministre de la Justice a demandé une assistance à PRI. En 2000, nous avons effectué un séjour durant lequel nous avons visité les prisons, nous nous sommes entretenus avec les responsables du ministère et des ONG locales, nous avons eu des réunions avec les représentants des pays donateurs et des organisations de financement. PRI a identifié les besoins du Bénin, dont les autorités étaient très motivées et, un an plus tard, un projet démarrait, financé par la coopération française et cogéré par le ministère de la Justice, l'administration pénitentiaire, les ONG locales de défense des droits humains ainsi que des associations religieuses, et PRI. La première étape du travail consiste à réviser les lois pour y introduire la dépénalisation de certains délits, les peines alternatives à la prison, la réforme du règlement intérieur des prisons. Au cours de la deuxième étape, on identifie les résistances à la réforme et on évalue la capacité des structures existantes à l'intégrer. Ces étapes donnent lieux à de vifs débats, qui font eux-mêmes partie de la sensibilisation à la nécessité de la réforme. Il faut ensuite évaluer les besoins en personnel et son niveau de formation. Toutes ces étapes doivent conduire à une réforme, pour l'instant soutenue par tous ses acteurs, ce qui permet un certain optimisme.

Humaniser la prison est donc un travail de longue haleine, qui peut emprunter des voies différentes selon les pays. Là, il faut commencer par revoir les lois. Ailleurs, la formation du personnel pénitentiaire et la revalorisation des métiers liés à la prison sont des priorités. À tous les niveaux, le personnel pénitentiaire doit être sensibilisé aussi bien aux principes élémentaires des droits humains qu'aux règles de bonne gestion. PRI, qui accorde beaucoup d'importance à cette question, a d'ailleurs un programme international de formation des personnels pénitentiaires. Nous ne nous contentons plus de sessions de formation qui peuvent aller de quelques jours à plusieurs semaines, et nous privilégions désormais la formation des formateurs, ce qui permet de démultiplier notre action. Nous en avons déjà formé au Nigeria et au Pakistan.

Dans d'autres pays, comme le Zimbabwe ou le Kenya, le facteur déterminant de la réforme du système carcéral a été l'introduction des peines alternatives. Au Malawi, le facteur principal de déclenchement du processus a été l'aide multiforme apportée par PRI au développement des fermes-prisons ouvertes appelées « pénitenciers agricoles ». À la suite de cette action, le pays a introduit dans sa législation le travail d'intérêt général, puis l'assistance judiciaire maintenant gérée par des ONG locales à la suite de conventions signées avec les pouvoirs publics. Cette dynamique s'est poursuivie puisque, à ce jour, le Malawi est le seul pays à avoir fait appel à PRI pour étudier les phénomènes de l'homosexualité et du sida dans ses prisons.

Si la réforme du système pénitentiaire est un tout qui va du législateur à l'accompagnement du détenu à sa sortie, le point d'entrée de cette réforme s'adapte aux réalités ou aux besoins ressentis par un pays. L'important, c'est que cela commence quelque part pour devenir progressivement une réforme d'ensemble.

Paradoxalement, la prison – qui fait partie intégrante de l'État de droit – est le plus souvent un lieu de non-droit, car une minorité puissante et armée, investie de l'autorité de la loi et de la force de l'État, y exerce un pouvoir exorbitant sur une majorité soumise, considérée comme hors la loi et supposée mériter ce qui lui arrive. Ce sentiment est si répandu que le dictateur Hastings Banda, ex-président du Malawi, pouvait se permettre de dire à propos des prisonniers : « Laissez-les pourrir. » Partout dans le monde, les opinions publiques rechignent à voir les prisonniers biens traités et accusent les militants que nous sommes de vouloir créer des prisons « cinq étoiles ». Pour essayer de changer les choses et de restreindre les abus, il faut pourtant que l'endroit où l'on surveille et où l'on punit soit lui-même surveillé.

D'où la nécessité d'ouvrir la prison sur l'extérieur et le devoir pour l'État d'encourager la transparence. Les observateurs extérieurs au système doivent voir leur tâche facilitée car, si elles sont évidemment utiles, les inspections effectuées par les services pénitentiaires ne sont pas suffisantes et doivent être complétées par d'autres évaluations. Les magistrats doivent également visiter les prisonniers régulièrement pour voir de leurs propres yeux ce qui se passe en prison et moduler leurs jugements en conséquence. Des commissions parlementaires doivent aussi se rendre dans les centres de détention, ce qui est déjà le cas dans les pays démocratiques. Il faut, enfin, que ces lieux soient ouverts aux ONG locales et internationales qui dénoncent les manquements à l'État de droit, mais saluent aussi les bonnes pratiques.

Pour faciliter cette ouverture, certains pays, comme la Pologne et la Hongrie, ont institué la fonction de contrôleur de la bonne surveillance des prisons. Dans la même logique, il existe en Afrique un rapporteur spécial sur la situation des prisons, poste créé par la Commission des droits de l'homme et des peuples de l'OUA. Les portes des prisons doivent être systématiquement ouvertes à ces observateurs, sans condition ni préalable, parce que leur présence contribue à limiter les dérapages.

La tâche de l'État ne doit pas être d'enfermer uniquement pour punir. Il s'agit d'assurer une meilleure protection de la société et de l'individu, non pas à travers la répression et les chaînes, mais grâce à un projet de resocialisation, d'intégration, de réhabilitation qui réponde aux critères que j'ai évoqués.

Table